PARA PARAR LAS AGUAS DEL OLVIDO

Paco Ignacio Taibo I

EDICIONES B
GRUPO ZETA

Barcelona • Bogotá • Buenos Aires • Caracas • Madrid • México D.F. • Montevideo • Quito • Santiago de Chile

1.ª edición: julio 2005

© Paco Ignacio Taibo I

© 2005 Ediciones B, S.A. de C.V.
Bradley 52, Colonia Anzures. 11590, México, D.F.
www.edicionesb-america.com

ISBN: 970-710-182-2

Impreso por Imprelibros S.A.

PARA PARAR LAS AGUAS DEL OLVIDO

Paco Ignacio Taibo I

Prólogo de Ángel González
Epílogo de Manuel Lombardero

Para Benigno Canal y María Luisa,
que viven en Caracas, Venezuela.

Para Manolo Lombardero y Charo,
que viven en Barcelona, España.

Para Ángel González y quien esté con él,
que viven en Albuquerque, EE. UU.

Para Amaro Taibo y Nieves,
que viven en la Ciudad de México, México.

Para Mary Carmen,
que vive, también, en mí.

Prólogo

Anaglifo. Encicl. Fot. El anaglifo consiste en un sistema estereoscópico de dos imágenes, una con coloración roja y la otra azul verdosa, que se superponen, ligeramente desplazadas o desfasadas, en la copia fotográfica. Observando el conjunto con gafas provistas de un filtro azul verdoso para un ojo y rojo para el otro, convenientemente orientados en relación a las imágenes izquierda y derecha, se ve la fotografía en negro y en relieve.

Este sistema tiene la ventaja de necesitar sólo unas gafas con los cristales coloreados para contemplar las vistas estereoscópicas. (V. Estereoscopía).
GRAN ENCICLOPEDIA LAROUSSE.
3ª edición. Tomo I. Pág. 442

Pensaba mi maestro (…) que el amor empieza con el recuerdo, y que mal se podía recordar lo que antes no se había olvidado (…) Mi maestro exaltaba el valor poético del olvido.
ANTONIO MACHADO: JUAN DE MAIRENA.

Un prólogo debe ser como una puerta abierta a un libro.

Cuando el escritor del prólogo no es el autor del libro, su misión queda reducida al papel de portero mayor. Cumplida esa misión debe hacerse respetuosamente a un lado y marcharse por donde vino, para no interferir el tránsito de los lectores. En este caso (en este libro), yo, el supuesto escritor del prólogo, me dispuse, de acuerdo con lo que creía mi deber, a abrir esa puerta y a desvanecerme después. Pero nada más trasponer el reducido espacio que va del título al texto, me vi a mí mismo dentro del libro, atrapado en él, perdido en los pasillos que las palabras de su autor excavaban hacia atrás, en el tiempo: un tiempo que PIT y yo compartimos en la misma calle de la misma ciudad —Oviedo— y en la misma situación —infancia y guerra—. ¿Cómo salir de un espacio en el que uno se encuentra perdido?

Por otra parte, el autor de un prólogo debe ser un buen lector del libro que prologa. Por lo que a mí respecta, en cuanto comencé a leer las cuartillas mecanografiadas de *Para parar las aguas del olvido*, dejé de ser lector —bueno o malo— para convertirme en parte de la lectura. Algo mío, ya en gran medida olvidado, estaba opinando acerca del texto desde el texto; confirmándolo, modificándolo. Y ese lejano pensamiento, a veces como una melodía nítida, otras como un zumbido oscuro, anulaba, apagaba las ideas del lector que yo pretendía ser. Yo había dejado de ser una persona para convertirme en dos (no en Dios: para eso tendría que ser tres). Dejé que hablara aquella voz distante, y entonces PIT hizo el gesto decisivo; cerró la puerta —que diga, el prólogo— y dijo: «Ya te has quedado dentro.»

Y tiró la llave, que fue a perderse en no sé qué montón de escombros, en qué pila de objetos oxidados en la que, si investigase con paciencia, acaso encontrase algunos desteñidos soldados de plomo, las plumas de un jilguero que murió de sed, los restos de una vieja colección de sellos, balas ya disparadas, amarillentas páginas de una novela de Salgari, una navaja verde y astillado plumier.

No; no buscaré esa llave. Haré lo contrario de lo que se entiende por prologar: prolongar.

Elijo, o me resigno a —no lo sé muy bien— quedarme aquí dentro entregado con PIT a la tarea de inventariar tantas cosas viejas y rotas, sólo *«Para parar las aguas del olvido»*. Únicamente para eso. Sin pretensiones políticas, críticas, éticas, ejemplificadoras, didácticas. Ya los muertos enterraron a sus muertos; que la memoria desentierre ahora sus memorias, que el recuerdo revele esos turbios clichés desdibujados y arrinconados por el olvido, pero capaces todavía de proyectar luces y sombras que componen sorprendentes, inseparadas imágenes de algo que fue la vida y ya es la nada.

En consecuencia, el lector de este libro no me perderá de vista al concluir el prólogo, volverá a encontrarme para bien o para mal en las páginas que le siguen. El libro ya está escrito cuando yo entro en él.

PIT, su autor, trazó las líneas maestras del plano sentimental de nuestra infancia. Por mí, están bien trazadas. Yo me limitaré a recorrer el mismo itinerario, dejando que su memoria corrija y estimule a la mía, y que mis propios recuerdos confirmen o rectifiquen los suyos. Habrá, por fortuna, diferencias de apreciación, pero nunca conflicto. Creo que ninguno de los dos tenemos muy arraigada la «jactancia de conocer el pasado», para emplear las palabras de uno de los poetas españoles que mejor practicó el arte del recuerdo («de toda la memoria sólo vale —dijo sabiamente— el don preclaro de evocar los sueños»). Cita oportuna; porque en el libro de PIT hay datos, historia, hechos que pueden comprobarse en las hemerotecas; pero hay también —y esto es importante— sueños. Sus palabras no sólo representan los días, las calles, las personas que poblaron aquellos años; sus palabras reconstruyen también el más complejo e inasible esfuerzo de unos niños —a punto de dejar de serlo, desahuciados de la infancia a tiro limpio— para dar cierta entidad al mundo de sus deseos, sistemáticamente destruidos por la realidad. Defenderse con la imaginación de la evidencia: esa fue nuestra diaria tarea. Elegir a nuestros maestros en un armario lleno de libros —la parte más agradable de aquella aventura— compensaba el fatigoso esfuerzo cotidiano de rechazar sistemáticamente lo que los falsos maestros querían imponernos. Extraña educación, en la que coincidían las libertas casi absoluta —la guerra, en algunos aspectos, «deja en paz» a los niños— y las servidumbres más humillantes. Pese a todas las limitaciones —enormes— que derivan de esas circunstancias, aprendimos muchas cosas importantes; decir «no» (en voz baja, por supuesto, pero con inquebrantable terquedad); a no darnos nunca por vencidos a pesar de sabernos derrotados; a arrancar ilusiones de la desesperanza; a poner precio a la belleza —buscarla donde quiera que se esconda, viva o muerta— e incluso a inventarla cuando tardaba en aparecer, a mantener vivo el espíritu de la subversión bajo la costra de la sumisión; a ser escépticos, y a establecer para siempre algunas diferenciaciones básicas: entre pureza y puritanismo (por ejemplo).

Así fuimos elaborando nuestra peculiar mitología, que nada tenía que ver con los mitos de la tribu —una tribu convertida bruscamente en horda.—

No es extraño, si se piensa en todo eso, que ninguno de los personajes centrales de la historia que PIT reconstruye haya permanecido en la región en que la historia tomó lugar. Centrifugados hacia los más lejanos destinos, todos buscamos acomodo y —a lo que parece— acabaremos nuestros días lejos de aquellos lugares que, sin embargo, amamos; porque también aprendimos que no hay cosas —apenas personas— culpables o inocentes, definitivamente buenas o malas: ni siquiera los aviones cargados de bombas (PIT habla de eso): depende de quien los maneje. La sangre sólo brota de la vida, el sitio de los verdugos es también el de las víctimas, la ignominia y la dignidad comparten el mismo escenario; Asturias en particular, y España en general, me parecen un buen ejemplo de lo que digo.

De todo eso (de todos los comienzos) habla PIT en el libro. Como debe ser, PIT se limita a contar una historia, dejando que el lector extraiga sus propias conclusiones; una historia en la que yo haré algunas anotaciones.

«Esta cualidad indefinible que hace de lo pasado algo que puede trabajarse y aun moldearse a voluntad» —decía Antonio Machado—, esa cualidad indefinible la he comprobado una vez más leyendo el texto de PIT: las cosas no fueron —o pudieron no haber sido— exactamente como yo las pienso. Y no porque PIT y yo estemos voluntariamente moldeando el pasado, sino por la misma cualidad del tiempo que Machado señala. Vuelvo a citar al viejo maestro: «Incierto es en verdad lo porvenir. ¿Quién sabe lo que va a pasar? Pero incierto es también lo pretérito: ¿quién sabe lo que ha pasado?

El necesario, inevitable olvido deja zonas borrosas que la memoria trata de aclarar. Ese esfuerzo es, ante todo, un acto de amor, porque «el amor empieza con el recuerdo». Ni PIT ni yo intentaremos —sería muy fácil— corregir nuestra memoria, ajustar nuestras respectivas imágenes de la misma historia a un solo perfil. Los desplazamientos y los desajustes advertibles en las dos imágenes pueden producir el efecto de los anaglifos, y dar profundidad al panorama que, como el de la estereoscopía, está impreso en dos tonalidades: Póngase el lector las gafas del color que menos le disguste, rojo y azul. Porque así fue aquel tiempo y nuestra infancia: nosotros, niños «rojos», en un paisaje abrumador, peligrosamente azul. A él volvemos ahora, después de tantos años, PIT y yo, para encontrar el cabo de la vida. Sin rencor, sin autocompasión, piadosamente: sólo *«Para parar las aguas del olvido»*. Porque de allí arrancan todos los caminos, porque allí estaban todos los comienzos.

ÁNGEL GONZÁLEZ

Celebrándote irá, y aquel sonido
hará parar las aguas del olvido.

<small>Miguel de Cervantes</small>

Primer capítulo

El parque de San Francisco limita por lo alto con la esperanza de que un día lleguen, por abajo limita con un paseo dominical teñido de camisas azules y banderas rojas y amarillas, por la derecha no tiene límites, porque entra en la casa atravesando los balcones de cristales rotos y por la izquierda llega hasta Ken Maynard que se toca el sombrero claro con la mano y sonríe desde la cumbre del caballo blanco.

Por aquellos días llegaba a casa Rubén Darío, que era un hombre alto, de capa azul y manos cargadas de flores, pájaros y frutas asombrosas. Dejaba sobre el suelo del cuarto vacío las púberes canéforas y hablaba, hablaba, hablaba de dioses griegos, mujeres perseguidas por faunos y grandes ríos de esmeralda y luz.

Los cinco amigos nos quedábamos mirándolo, sentados sobre las maderas que hacía semanas no habían sido frotadas con aquellos paños verdes que ejercían un imperio total, en los tiempos normales. Pero los paños verdes de frotar los suelos se habían convertido en unas zapatillas con suela de tela de sombreros y los tiempos normales habían desaparecido para siempre.

Justamente en el lugar en donde Rubén Darío se colocaba, había un agujero en una de las duelas: era una herida oscura y rasgada, ennegrecida por los bordes, en forma de cuchillo; por allí había entrado la esquirla que terminó por depositarse sobre la mesa del comedor de la familia Nicieza. El agujero permitía contemplar la nuca de los vecinos.

—Todo el día se pasan los niños espiando.

Y por eso colocaron en el techo la tapa de cartón de una vieja caja de zapatos: La Moderna. Oviedo.

Rubén había trabajado en un circo de muy joven y llegaba algunas veces con un papagayo enorme, que colocaba sobre su hombro izquierdo mientras caminaba por la inmensa, sahárica habitación a la que llegábamos sin meter demasiado ruido, porque todo ruido podía dar lugar a que se produjera la denuncia.

De vez en cuando los cinco niños ladeábamos la cabeza, escuchábamos con una atención dolorosa y decidíamos al unísono.

—Son nuestros.

—Son de ellos.

Cuando los ruidos eran nuestros, sonreíamos felices y corríamos a protegernos en una habitación que no tenía ventanas; allí, entre las otras gentes de la familia, escuchábamos las explosiones.

—Cerca.

—No tanto.

—En el campo San Francisco, como más lejos.

—Por la calle Fruela.

—Más o menos.

Cuando los ruidos eran de ellos nos asomábamos a los balcones para ver pasar a los enemigos que evolucionaban ronroneando sobre la ciudad y luego se iban.

—Esos son grandes, vienen de Santander.

Algunas veces Rubén Darío se encontraba en la habitación con Ken Maynard.

—Déjalos que vayan al cine, sólo es atravesar el parque. Pero eso fue más tarde, cuando por la parte alta del campo de San Francisco ya no podría llegar jamás ese ejército de mineros oscuros, que reían a carcajadas mientras lanzaban la dinamita por encima del parapeto. Los mineros se habían ido y ahora la gente lloraba en la noche y por la mañana se lavaba los ojos para que no se notara el dolor.

—Mira, mujer, hay que poner buena cara.

De cualquier forma Ken Maynard llegó un poco más tarde que Rubén Darío; pero eran tipos muy semejantes.

—Cada vez que no entiendan una palabra, al diccionario.

—Pero es que las entendemos todas.

—Ya, ya.

Una vez la bomba de los nuestros cayó tan cerca que rompió los cristales rotos.

—Eso sí que es raro, los cristales se rompen porque no resisten la expansión del aire. Pero el cristal ya roto no tiene por qué romperse.

—Pues se rompió, pa' que veas.

Cuando llegó Ken Maynard en el caballo blanco la guerra se había alejado un poco, el cerco de Oviedo había sido roto y los moros acampaban en un antiguo cabaret que se llamaba Babel.

Los moros estaban en Babel felices; a su alrededor se amontonaban decenas, cientos, de cajas de ungüento contra las ladillas.

Los moros iban dejando su camino señalado por las ladillas muertas y las cajas vacías.

—Eso no se toca.

—Es contra las ladillas, mamá.

—No seas cochino.

Rubén Darío y Ken Maynard nos sacaban de la habitación a caballo o tomados de la mano; algunas veces nos iba con los dos al mismo tiempo.

—Ken Maynard, que púberes canéforas te carguen la pistola.

Los muertos de Ken Maynard eran más limpios, los muertos del campo de San Francisco estaban sucios de tierra y parecían borrosos entre la lluvia y las hojas que nadie recogía.

—Son un matrimonio. A él le cortaron los dedos.

—Estaría saludando, con el puño.

—Sí.

—La familia se asustaba.

—Hoy los niños vieron dos muertos en el campo, eran marido y mujer y a él le habían cortado el puño porque murió saludando y ella llevaba camisón azul y ni la habían dejado ponerse algo decente, habrá que impedir que los niños vean estas cosas, pero por otra parte no podemos tenerlos siempre metidos en el cuarto de jugar, porque ya no los ve el sol y terminarán con esta alimentación cogiendo una tuberculosis.

En la casa de Ángel no había hombres, porque a uno lo habían matado también, y el otro se había ido al otro lado.

La madre de Ángel, que era viuda y tenía unos carrillos sonrosados y muy suaves, nos miraba entrecerrando los ojos.

—Hay que agradecer que vosotros seáis niños todavía.

En mi casa, mi tío estaba escondido en una despensa pequeñita que habíamos tapado con un armario de madera y doble luna. Él estaba detrás, en la oscuridad, esperando. Mi padre luchaba en el otro lado.

—A lo mejor ese tiro que pegó en aquella pared lo tiró papá.

—No digas eso.

Los hombres de la casa de abajo, de los Nicieza, también habían sido fusilados. Vivíamos en un mundo de mujeres que de cuando en cuando nos miraban intranquilas.

—¿Qué estarán leyendo ahora?

Pero no había tiempo para fiscalizar nuestras lecturas. Rubén Darío nos presentó a un tipo de barbas blancas.

—Aquí, muchachos, el marqués.

—¿El Divino?

—No, no, el divino marqués es otro. Este es como el divino marqués.

Rubén Darío señalaba:

—Como el divino, lo es.

—¿Quién es el divino?

—Quién coño lo sabe.

Y decíamos el coño en voz más baja, porque bastantes problemas había ya para que encima los niños comenzaran a emplear malas palabras, que quién sabía lo que harían metidos a todas horas en el cuarto grande, que además de todo era peligroso, porque daba a la calle Asturias y podía entrar una esquirla de bomba.

—A las bombas se les oye venir.

—Ese fue un morterazo.

Los morteros eran lo mejor, porque soltaban una carga de balines que constituían elementos preciosos para todo tipo de juegos. Los balines eran de acero y brillaban si se les pasaba un trapo húmedo.

El marqués parecido al divino resultó algo increíble.

—Jóvenes, esta es la niña Chole.

Y formábamos un corro apretado, sobre el suelo, para que la niña Chole nos pasara las manos por los muslos, desnudos, ya que aún no habíamos llegado al pantalón largo.

Un día Ángel vino hablando de ocho tomos atravesados por un alemán que amaba las praderas.

—¡Karl May!

—Comparado con Ken Maynard una mierda.

Y Ángel se enfadó y se fue para su casa.

Rubén Darío nos traía locos con su saludo al marqués.

—¡Marqués, como el divino lo eres, te saludo!

Mi madre no sabía de ninguna otra divinidad que no fuera de Dios, pero mi tía:

—Como no sea el Marqués de la Vega de Anzo. Yo lo conocí hace como tres años; pero divino no era, más bien era feo.

Nos saludamos al encontrarnos:

—¡Marqués, como el divino lo eres!

Y Benigno sonreía muy feliz, porque a él le gustaban las cosas sonoras y con acento literario.

Teníamos alrededor de los trece años, algunos por arriba, Benigno, otros por abajo: Amaro y Ángel. Pero manejábamos amistades importantes muy importantes. Jugábamos menos que leíamos. Una biblioteca nuestra, con una llave de metal blanco que iba abriendo las cuatro puertas de cristales. Encontrábamos a las gentes más diversas y los invitábamos a vivir con nosotros; durante muchas semanas Dostoiesky se movía nervioso por la habitación, de aquí para allá, con una barba larguísima, negra y los ojos que había tomado prestados a un mujic loco que llegaba desde la nieve abriendo la puerta de un solo golpe y sacudiéndose la pelliza de piel de carnero, allí mismo junto a nosotros, que lo mirábamos en el asombro y el recelo.

—Estos niños qué estarán leyendo. Habría que controlarlos.

Pero nadie nos controlaba porque era la guerra y la época normal parecía perdida para siempre.

—Por lo menos debéis de consultar el diccionario.

Pero el diccionario era un fraude, una estafa, un enemigo.

—¿Viste la serie de (bajando la voz) pijadas que dice el diccionario sobre el culo?

—¿De la picha habla?

—No, no habla.

Las mujeres se reunían en la cocina para pasarse las noticias últimas.

—Ya están en la plaza de las Américas.

—Más abajo.

—Sí, más abajo.

Llegaban los mineros abriéndose paso a través de las paredes; era la ofensiva. Se acercaban abriendo agujeros en las casas, pasando de una cocina a una sala de estar, de un comedor a una galería.

Los fascistas se iban replegando poco a poco. Un día cayó la pared, de pronto, sobre una bañera y los mineros se encontraron, cara a cara, con los fascistas; la tina por medio.

Los dos bandos desaparecieron por corredores y dormitorios y nadie se murió en aquel momento. El cuarto de baño se quedó sumergido en una niebla de cal y polvo de ladrillo.

Estas cosas se contaban ante nosotros, muchachos asombrados, que volvíamos a lo nuestro, esperando que la pared de nuestra habitación se cayera y apareciera al otro lado Papá con un fusil en la mano, cargado de provisiones.

Un día los mineros dejaron de avanzar y poco después entraban los moros; el cerco de Oviedo había terminado. A través de una brecha se deslizaban los legionarios, los tercios, los falangistas gallegos.

Entonces toda la familia lloraba en la noche, cada cual en su espacio de cobertor tirado en el suelo. Algunas noches los sollozos eran demasiado fuertes y una voz de mujer ordenaba:

—Ya, ya; así nada se arregla.

A Tío le pasábamos la comida por debajo del armario de madera, aprovechando sus largas patas trabajadas con torno. El plato había que empujarlo con el palo de la escoba; después se escuchaban unos ruidos sordos, unos rasponazos, un crujido, luego nada.

Las mujeres decidieron que nadie debía saber que Tío estaba aún dentro de Oviedo, allí escondido.

—Si se enteran vienen por él.

—Y lo matan.

—Eso no se dice.

Pero decidieron, también, que los muchachos debían de saberlo, incluso que lo debían de saber los amigos de los muchachos.

Y así fue como Ángel, Benigno, Amaro y yo (Manolo llegaría más tarde y lo sabría también) teníamos un secreto de vida o muerte; un secreto que tenía que cuidarse de tal forma que ni tan siquiera se podía llamar tío a Tío, sino de otra forma.

—Él dice.

—La persona dijo.

—Nos dijo aquel señor.

En los atardeceres se movía un poco el armario y Tío salía con la barba crecida, a charlar con nosotros. ¿Quién es el divino Marqués?

Otro día, otro día.

Una mañana, en pleno asedio de Oviedo, llegó el peluquero de la acera de enfrente. Era un hombre de rostro delgado y mirada nerviosa. Era canoso.

—Les vengo a decir que hace un momento un confidente de la policía se estuvo cortando el pelo conmigo y me dijo que en la tarde va a ir al Gobierno Civil para denunciar que en esta casa está escondido el redactor jefe del periódico *Avance*. Díganle a don Ignacio Lavilla que escape, ahora mismo.

Las mujeres lloraban y los muchachos intentábamos ayudar en algo. Tío se puso un poco de maicena en la barba crecida, se colocó unas gafas de aro metálico y parecía un viejecito, viejecito. Así se iría a la calle a caminar hasta que la policía hubiera abandonado la casa.

—Si me cogen no duro lo que dura un caramelo en la puerta de una escuela.

Estaba bastante tranquilo. Se pensó si Amaro o yo mismo debíamos de acompañarlo, se buscó un bastón, se encontró.

Ya se iba cuando volvió el peluquero de la calle Asturias. Estaba asombrado, tenía los ojos muy abiertos y el pelo revuelto.

—¡Díganle a don Ignacio que no se mueva! ¡El confidente acaba de fallecer de muerte repentina!

—Como de novela —dijeron.

Pero mamá prefirió agradecerle la muerte al niño Jesús de Praga.

Los muchachos bailamos en la gran habitación una danza comedida, porque todo ruido era llamar la atención.

—Como de novela.

El confidente vivía a doscientos metros y todos lo conocíamos. Había trabajado siempre en puestos muy modestos, pero era lameculos de los señoritos de la calle Uría.

La niña Chole se movía gloriosamente en aquella tarde de verano gris: entonces los muchachos descubrimos, tan pronto, que o todo era novela o nada era novela.

Las mujeres habían dejado de llorar y el armario estaba colocado de nuevo, en su sitio.

Mamá nos dijo, antes de que nos acostáramos Amaro y yo:

—El niño Jesús de Praga nos está protegiendo.

Amaro y yo ya estábamos por el camino de los descreídos, así que guardamos silencio, pero pensamos que el Niño Jesús de Praga no había protegido a los Nicieza y por eso dos de los hijos habían sido asesinados en una carretera asturiana, ni al hermano de Ángel, que también había caído muerto a tiros por gentes que lo conocían, que lo habían visto salir de la Universidad y tomar café o un vino tinto en cualquier chigre del Fontán. El niño Jesús de Praga era bastante parcial.

—¡Marqués, como el divino lo eres, te saludo!

Y entraba Benigno Canal, que era un poco más alto, un poco más viejo que los otros, un poco menos niño.

Con el tiempo Benigno sería el primero en fumar en pipa. Quería ser intelectual.

Vivía Benigno en la parte más baja, más honda, de la ciudad de Oviedo, en Foncalada; allí su madre, la viuda de Canal, tenía una herrería en la que trabajaban todos los hermanos de Benigno, cuando se podía trabajar.

Ahora uno de ellos estaba escondido en un desván, sobre la herrería y las habitaciones de la casita que ocupaban el primer piso. Cuando, ya abierto el cerco y retirados los mineros, los muchachos pudimos caminar por la ciudad, nos fuimos hasta Foncalada y entrábamos en el comedor de la casa, hablando siempre, en voz baja.

El hermano sospechó algo:

—Esos cabrones saben que estoy yo aquí arriba.

Benigno le dijo que lo sabíamos. Entonces el hermano bajó una tarde para vernos de cerca.

—Es que sólo les conozco la coronilla.

Nos veía a través de los resquicios de la madera.

—¿Y cómo lo sospechaste?

—Es que no hablan más que de literatura. Así que entré en sospecha. Los chavales así no existen.

Ángel me miraba sorprendido; era de lo que siempre hablábamos. Desde entonces, cuando entrábamos en una casa nueva, todos mirábamos con disimulo hacia el techo, desde donde nos podía estar observando el hermano escondido, el tío de barba blanca o el Niño Jesús de Praga.

Pero seguíamos hablando de literatura.

De cuando en cuando la mala noticia llegaba hasta las mujeres: cayó Edelmiro.

Y es que lo habían descubierto en su disimulada guarida y lo habían matado.

Y volvían a llorar en un silencio muy apretado, cuidándose de no asustar demasiado a los muchachos, disimulando al pasar ante el armario.

En las mañanas tranquilas, cuando de pronto dejaban de sonar los cañonazos y no silbaban sobre las casas las balas, los muchachos nos reuníamos en la esquina de la calle Asturias con la calle Toreno. Era un lugar muy protegido, y allí, a la sombra de unos arbolitos tristones, podíamos jugar o seguir hablando.

En la misma calle vivían los Bousoño. Los llamábamos Carlitos y Luisitos.

Carlitos tenía cabeza de pájaro y no encajaba con nosotros; Luisitos era mayor. De cualquier forma, el grupo permitía breves entradas de Carlitos en la comunidad.

—Un poco gilipolla.

Decía Benigno.

Ángel lo defendía. No, no, es que timidea.

Ángel había nacido en ese mismo grupo de casas y tenía amigos formados desde su niñez; nosotros, que sólo hacía poco tiempo que vivíamos en la calle Asturias, mirábamos a otros chicos con un cierto rencor.

—Seguro que también leyeron a Karl May.

Ángel era muy torcido; así que no nos prestó los libros de Karl May hasta mucho después. Sentía que lo habíamos ofendido.

—¿Alemán y en la pradera? Eso no lo cree (bajando la voz) ni Dios.

Todavía ahora, tantos años después, yo desconfío un poco de Karl May; me parece un impostor.

Carlitos coleccionaba sellos de correos. Esto era bastante frívolo para nosotros.

—¿Y Luisitos qué hace?

—Nada; con esa pinta.

En la esquina de Asturias con Toreno un anciano nos enseñaba la regla marcial del florete. El florete era una vara del árbol más cercano.

—Primera división, en guardia.

Y el grupo de muchachos cuidábamos de colocar los pies en la posición correcta y de saludar con la vara al enemigo.

Poco a poco los nuestros se iban retirando, se iban

alejando, se nos iba perdiendo la esperanza de que un día llegara Papá cargado de provisiones y con un fusil para liberarnos de una ratonera en la que los amigos hablaban en voz baja y los enemigos desfilaban cantando.

Ya no se podía creer ni a la radio, que había sido el Dios de las buenas noticias, el defensor de los jodidos, el banderín de los humillados. La radio, que se escondía con el sol y aparecía en la noche, en una habitación interior, rodeada de colchones y de silencio expectante.

La radio, que era un peligro terrible también.

—A doña Josefa la detuvieron porque se descubrió que tenía una radio. Estuvo tres días a pan y agua y le cortaron el pelo al rape. Ahora está en su casa, pero no hace más que llorar.

—A esos muchachos los tratan como personas mayores. Saben demasiadas cosas, están enterados de todo. No conviene.

La señora Nicieza, desde el fusilamiento de sus dos hijos, a los que habían detenido en nuestra casa, no quería confiar en nadie.

—No, no, doña Josefina; son como seres adultos. De veras.

—¡Marqués!

Y Benigno entraba en la casa, después de haber recorrido, atravesado, todo Oviedo en una caminata que nos parecía heroica.

La familia de Benigno estaba desconcertada.

—¿Por qué se va todos los días hasta casa de los Taibo, tan lejos?

Y nadie se atrevía a decirles que iba a visitar a la niña Chole, que se nos iba apareciendo tarde a tarde.

Los Taibo.

Hay que quitarse el apellido, es muy poco común.

Todas las mujeres estaban de acuerdo; así que comenzamos a llamarnos los González. Pero esto fue cuando tuvimos que abandonar la casa, perdida la guerra, e irnos a una más discreta, más humilde, en la zona baja de la ciudad.

Los González.

Entonces el grupo de amigos tenía que caminar desde tres puntos distintos, para encontrarse en los lugares de cita.

—Son los rojillos, son los rojillos.

Aquella tarde corrimos por el campo de San Francisco como locos, corrimos desaforadamente, perseguidos por un grupo de muchachos vestidos con camisa azul y correaje.

—A por los rojillos.

Y corríamos con la boca abierta, con un dolor en el costado, atravesando los jardines y buscando refugio en alguna calle estrecha.

Pero escapamos; los jóvenes falangistas jamás nos pudieron alcanzar. Mucho después, en la Universidad, el que dirigía el grupo de cazadores le dijo a Ángel que estaba avergonzado.

Ángel le respondió:

—Y eso que no nos pudisteis coger. Si nos hubieran atrapado, a estas horas estarías más avergonzado todavía.

Cuando encontré la colección de revistas «Carmen», el grupo sufrió un terrible impacto. Las púberes canéforas no eran nada comparado con aquello. «Carmen» y «Lola», dos revistas pequeñas nos sacudieron.

En el Cañón del Colorado, una mañana, abiertas a nuestros pies las tierras rojas, allá muy abajo un río azul, un aire frío humedeciéndonos las narices, Ángel se asombraba:

—¿De dónde nos salió aquel respeto? La influencia de tu tío fue muy grande, pero nosotros parece como si navegáramos por intuiciones. ¿Sabes que la poesía de creación de Gerardo Diego vuelve a gustarme tanto como cuando teníamos trece años?

Y luego, mientras un helicóptero se hundía suavemente en el cañón, cargado de turistas:

—¿Conservas la colección «Carmen»?

—Sí.

—Parece imposible. Tantas cosas hemos perdido y unas cuantas revistas no se pierden. Navegábamos por intuiciones.

Todos recitábamos en las tardes, cuando la humedad del parque de San Francisco se colaba por los cristales rotos:

> Ayer, mañana
> los días niños cantan en mi ventana,
> las casas son todas de papel
> y van y vienen golondrinas
> doblando y desdoblando las esquinas.

Teníamos conciencia de que en la misma calle, a esas mismas horas, los hijos de los falangistas cantaban:

> Cara al sol,
> con la camisa nueva
> que tú bordaste en rojo ayer.

Y los alumnos de la escuela de monjas, a pocas calles:

> Subió una mona a un nogal
> y cogiendo una nuez verde
> en la cáscara la muerde,
> lo que le supo muy mal.

—Esa mona era gilipollas.

Y nos reíamos mucho. Teníamos una clara idea de que no sólo éramos diferentes, sino superiores.

Nos podían perseguir (¡a los rojillos!), pero nosotros estábamos en la verdad.

—Adelante, don Rubén, pase. Esta es su habitación vacía, este es su mundo y el nuestro, esa es nuestra tarde de temores y de hablar en voz baja. Pase y estése aquí con nosotros, mientras los fusiles descansan un poquito y la amenaza de la camisa azul parece haberse aplacado. Entre y camine mostrándonos sus papagayos dorados, sus flores imposibles, sus américas deslumbrantes. Entre, don Rubén y cúbranos a todos con su manto de palabras que son como cálidos soles y como hojas enormes que dejan resbalar las gotas de rocío y que son como la carne de mulata y que son como las arenas en las que se encuentran grandes caracolas en donde se guardan rumores tan lejanos que no sabemos de dónde vienen pero que sí traen dentro al fauno y a la ninfa y al dios de risa cabrona y al centauro que salta por encima de los arbustos y por encima de ese grupo de jóvenes que acaba de descubrir que la victoria es imposible, que todo se perdió, que cada vez que los otros cantan nos insultan y que cada día que pasa tendremos que poner a funcionar con más perfección el disimulo y el silencio.

Aquí termina el primer capítulo.

La segunda comunión

Con la victoria, el reino de Dios se hizo más importante y más visible; los curas miraban desde arriba y firmaban certificados de buena conducta. Un cura pegaba un bofetón a un muchacho y los padres de familia aseguraban:

—Hay que volver a la normalidad.

La normalidad era un bosque de banderas desfilando, unos muchachos ensayando en el Campo de Maniobras a tocar la trompeta y el tambor, los correajes oliendo a servus y el yugo y las flechas bordadas apresuradamente en talleres de la Sección Femenina que no se daban abasto.

—De Mieres piden quinientos escudos más.

—De Noreña doscientos.

—De Avilés mil.

Y en las casas, manos nerviosas, pinchándose los dedos, cosían en la camisa nueva los yugos y las flechas que tú bordaste en rojo ayer.

En la plaza de la Catedral se situaron los curas, de espaldas a la alta torre, mochada. Se sentaban en banquetas sacadas de las casas vecinas.

Una mujer con una banqueta de madera blanca en la mano preguntaba:

—¿Necesitan una más?

—No, son suficientes.

Y el cura de gafas y rostro seco rechazaba la banqueta con un movimiento de mano pálida.

Los curas estaban sentados ya, a la espera de los jóvenes.

Eran como diez curas, posiblemente veinte. Todos ya sentados, manchas negras en una mañana de sol muy suave, de cielo muy alto. A la izquierda, según se mira o se deja de mirar a la catedral, se asoma el monte Naranco y sobre él los trazos claros de las fortificaciones y las trincheras.

Los curas esperan ya y a su lado corren muchachitos vestidos de monaguillos.

Nosotros estamos formados en largas filas. Una fila por cada cura.

Al fin entendemos claramente de lo que se trata.

—Nos van a confesar.

Nos espantamos. Con este acto multitudinario se celebra alguna fiesta, alguna conmemoración de victoria o algún santo sacrificado en China. No lo sabemos; pero entramos ya en el gran espectáculo cristiano y no hay forma de escapar.

Los jefes de Falange, muchachos ya mayores, organizan el rito para el cual nos sacaron de la escuela a todos. El cura recibe al niño que se arrodilla ante la banqueta, al aire libre, le habla, escucha y luego lo despide. El niño se separa del cura caminando muy lentamente, con la cabeza baja, y va a formarse en alguna de las calles laterales.

Mi hermano está detrás de mí. Amaro me empuja con la mano en la espalda. Estamos tan nerviosos que no avanzamos.

Pensamos escapar, pero alguien hubiera gritado: ¡Huyen los González!

Así que nos vamos acercando, poco a poco, al cura.

Mi hermano susurra: »¿Qué se dice?»

Yo tampoco lo sé. Eso no nos lo enseñó ni el marqués, ni la niña Chole, ni don Rubén Darío. Eso no lo sabemos.

Delante de mí un chaval vuelve la cabeza y afirma:

—Sólo te pregunta si pecaste y cuándo hiciste la comunión por última vez.

Mi hermano susurra:

—¿Cuándo le digo?

—La semana pasada.

—Bueno.

Ni bueno ni nada; estamos aterrados.

Al fin llego a una línea trazada en la plaza; el próximo seré yo.

El cura me hace una seña con la mano; el jefe de Falange me apresura:

—Ya, ¿*yes bobu*?

Yo corro hacia el cura, me arrodillo, escucho y hago que susurro algo. Tengo la cabeza baja y las manos haciendo capillita sobre la nariz y la boca.

—¿Cuándo te confesaste por última vez?

—La semana pasada

Susurra y yo susurro.

Me hace un gesto con la mano y me alejo mirándome los pies, con un golpeteo atroz en el corazón. Antes de llegar a la formación, se me cruza un hombre muy joven con una libreta en la mano. Toma nota.

—¿Cómo te llamas?

—Francisco Ignacio González Nava.

—Muy bien.

Amaro se reúne conmigo un poco después, está pálido y la nariz se le afila y palmotea.

En casa lo dijimos.

—Hoy hicimos la primera confesión.

Mamá y tía estaban aterradas. Parecía que iban a llorar.

—Dimos nombre falso y dijimos que habíamos confesado la semana pasada.

—¡Pero eso es pecado mortal!

A mi hermano y a mí no nos asustaba el pecado mortal, sino la posibilidad de que el cura nos hubiera pegado un bofetón.

—¡Cometieron pecado mortal!

—Bueno, ¿y qué?

Y entramos en la habitación vacía, la de los cristales rotos, la del piso agujereado, para tranquilizar al corazón y considerar las consecuencias del pecado.

Don Rubén Darío se reía de nosotros:

—Tuvieron miedo, ¿eh, jóvenes?

Y el hombre altísimo, guapísimo, de capa blanca, movía la cabeza burlonamente.

Mamá entró en la habitación secándose las manos en el mandil:

—¡Por lo menos habrán confesado algún pecado!

—No: ni uno.

Se asombró tanto que salió sin decir nada.

Muchos días después Amaro me dijo en voz muy baja:

—Oye, González. ¡Qué miedo pasamos!

Y nos reíamos por lo bajo, pero el miedo aún andaba frotándose con nosotros por dentro.

No volvimos a hablar más del asunto.

Hasta hoy.

Cervantes es una librería

Cervantes es una librería. El manco de Lepanto, la gloria nacional, el mejor novelista del mundo; es una librería.

Curiosamente, don Miguel nunca había entrado en la habitación de la calle Asturias, ahora convertida en recuerdo entre nieblas.

La nueva casa es muy vieja, tiene una escalera que chirría, unos cuantos cuartos pequeños y una serie de ventanas altas con los cristales remendados con papel de goma. La calle es una cuesta. Vivimos en casa de Teresa, en el Postigo Bajo. Teresa es viuda y ha tenido un hijo del que no sabe nada. La buena mujer tampoco sabe que en su casa se esconden Papá y Tío. Están en una habitación interior, iluminados por una bombilla tristísima.

Papá llegó cuando estábamos metiendo en cajones nuestras cosas, en el portal de la calle Asturias.

Yo golpeaba con poca eficacia sobre un clavo rebelde, cuando se apareció en la puerta de entrada, con una chaqueta vieja, un paquete, bajo el brazo, envuelto en papel de periódico, las mejillas muy hundidas.

Hacía ya semanas que se había perdido la guerra en Asturias y todos pensábamos que Papá estaría exilado en Francia. Pero no; había continuado en la montaña

hasta que toda resistencia pareció inútil, hasta que el último barco pesquero huía llevando a los últimos resistentes. Hasta que sólo cabía volver a casa.

Mamá se desmayó. Los muchachos nos asomamos a
la calle para ver si alguien lo había visto llegar.

Benigno y Ángel supieron de inmediato la noticia.

—Llegó nuestro padre.

Papá miraba a nuestros amigos con sorpresa:

—¿Y estos carajillos saben que Ignacio está escondido en esta casa?

Siempre lo supieron.

Mi padre estaba orgulloso de sus hijos y de los amigos de sus hijos.

—Muy bien.

Así que ya teníamos dos hombres ocultos.

Pero Papá tenía que fumar; eso era el problema.

—Hombre, Benito, deja el jodido tabaco.

Y mi padre a su cuñado:

—Ignacio, cómo se conoce que tú nunca fumaste.

Así que fumaba en la noche, en el retrete, luego mamá abría la ventana y sacudía el aire con una toalla, para
que Teresa no se enterara.

Cervantes era una librería, lo sigue siendo.

Allí llegué yo enviado por la madre de Ángel.

—Don Alfredo, fíjese que es un muchacho muy despierto, que lee muchísimo y de familia muy considera-
da. Seguro que es mucho más culto que ese chiquillo que
tiene ahora.

Don Alfredo Quirós tartamudeaba bastante.

—De… luego… que… de… luego… que… tiene razón, doña María. De luego… que sí. Pero Manolo ya está aquí desde hace un año.

—Pero don Alfredo, Paco Ignacio tiene que ganar

más. Verá cómo resulta un dependiente muy bueno. Si supiera usted lo que ya ha leído a su edad.

—Sí, doña María, de… luego… que sí… doña María. Pero Manolo ya estaba aquí.

Así que entré a trabajar a los catorce años con nueve meses, cobrando un sueldo mensual de cuarenta pesetas; a los siete meses me lo subieron a cincuenta pesetas, y a diez meses, a sesenta y cinco pesetas: trece duros.

Manolo Lombardero me miraba bastante fastidiado; era un muchachito pálido, con la nariz torcida y los colmillos un poco dados a draculizarse; sonreía de costado y sabía todo de libros de texto y de literatura para maestros.

A los pocos días me dio un libro:

—Es *Flor de Leyendas*, léelo a escondidas porque está prohibido.

Casi todo estaba prohibido. Leíamos, Manolo y yo como locos.

Alfredo Quirós nos dejaba llevarnos los libros a casa y los devolvíamos apenas terminados.

—¿Qué te llevas hoy?

—Nicolás Gogol.

—Yo Turgenief.

Algunos libros había que leerlos sin abrir las páginas; era un ejercicio de circo.

Manolo entró en el grupo.

—¿Y *esi*, quién *yé*?

—Trabaja conmigo.

—Bueno.

Su padre había muerto antes de nacer él y la madre lo había pasado muy mal, pero tenía un hermano que parecía un señorito.

—Así es él.

Se murió muy pronto, siempre como un señor, oliendo a agua de colonia. Nosotros lo mirábamos asombrados. De cualquier forma se murió sin leer a Gogol, pero ni falta que le hacía. Pienso yo. Manolo y Paco Ignacio barrían la librería al mismo tiempo. La técnica era difícil.

a) Se arroja agua sobre el suelo, salpicándola con la mano, para que no se levante el polvo y para que los libros que están bajos no se manchen.

b) Se barre de plumazos. Esto quiere decir que no se arrastra la escoba como si fuera un cadáver, sino que se le empuja suavemente, para lanzar el polvo, ya convertido en pellas de barro, hacia un destino prefijado.

c) Se recoge la basura que se ha reunido en el lugar prefijado.

d) Se la lleva al enorme caldero al que van a parar las envolturas de los paquetes, pero no las cuerdas, porque las cuerdas se enrollan para lo que puedan servir. Y se guardan.

Manolo era como una ladilla viva; se movía por toda la librería ofreciendo libros, hablando de novedades y buscando ese ejemplar que quién sabe dónde coño se esconde.

La Librería Cervantes estaba especializada en maestros de escuela. Muchos maestros caían por allí a ver los libros y a soñar con los días en los cuales no habían sido depurados; cargaban su socialismo escondido en el alma y no lo dejaban ver.

Los otros, los del régimen, traían enormes listas de libros asombrosos.

Cien ejemplares del *Cántico a la bandera*.

Ciento cincuenta del *Perfecto niño español*.

Setenta y cinco del *Imperio hacia Dios*.

—¿No se quiere llevar algún ejemplar de lecturas del siglo de oro?

—No sé, no sé. Puede que el autor esté depurado.

Una maestra gorda quería que siempre la despachara Manolo hasta que yo llegué.

—Deja, Manolín, que me va a servir Paco Ignacio.

La maestra gorda me miraba con una sonrisa tierna y al agacharse para ver las láminas de un libro del padre Coloma enseñaba sus enormes senos blancos y balbucientes.

Los maestros hablaban de los minúsculos empleados.

—Si parecen personas mayores.

Alfredo Quirós nos contemplaba con paternalismo y no nos reñía nunca.

La madre de Ángel había dicho:

—Don Alfredo, Paco Ignacio es más delicado que ese Manolín suyo. Mejor sería que el tal Manolo fuera por los libros con el carretillo.

Pero Quirós tenía un sistema jerárquico de las posibilidades de sus empleados. Así que el carretillo me tocó a mí.

Traía de correos y de la estación de norte grandes cantidades de paquetes de libros.

Un día que no había libros en correos me volví sin el carretillo, con las manos a la espalda y el carretillo se perdió para siempre.

Manolo decía: «Eres la única persona en Oviedo que perdió un carro. Nos reíamos, pero don Alfredo tuvo que comprar otro.»

Abrir los paquetes de libros era un ejercicio apasionante, nervioso, lleno de misterio y de esperanzas, los abríamos sobre el mostrador y ninguno de los dos queríamos abrir los libros de las editoriales oficiales o de las del magisterio.

Nos peleábamos por desempaquetar la colección Austral.

Cada libro saltaba en nuestras manos. Algunos, no.

—¿Leíste a Rubén Darío?

—Sí.

—¡Ah, bueno!

En casa, Papá y Tío seguían escondidos detrás de la muralla de abrigos, de pantalones, de chaquetas de invierno.

Mamá y tía hacían flores de migajón y Tío las pintaba de colores; las chicas las ponían en el pelo o en el vestido.

Eran flores muy chiquitas, muy cuidadosamente elaboradas, muy suaves. Flores tan delicadas que nada parecían tener en común con aquellos días tan tristes, tan largos.

Si no fuera por don Rubén:

—Que púberes canéforas te ofrenden el acanto.

O por don Gerardo:

—Por primera vez, entre la lluvia muerta cantaban los tranvías zozobrantes.

O por Nicolás Gogol, que era un ruso de ojos negros y traje negro, de pelo negro y de zapatos negros. Que era ruso.

Del paquete salió un libro nuevo; llegaba envuelto en un papel blanco y atado con una cinta. Encima alguien había escrito: «Señor Quirós, le rogamos sea discreto en el manejo de este ejemplar. El autor ha tenido recientemente problemas en Salamanca.»

Fue como si me tocaran con un hierro al rojo, quedé señalado para siempre. Aún ahora cargo la señal quiera o no quiera. Que no quiero.

—¿Qué es Aldebarán?

—Una estrella.

Y nos quedábamos la noche del sábado, en la calle, los cinco amigos, contemplando el cielo para descubrir al rubí encendido en la divina frente.

Aldebarán, Aldebarán.

¿Cuántos días de Dios viste a la tierra, mota de polvo, rodar por los vacíos?

Al borde del parque de San Francisco, mirando hacia cielo, con los ojos húmedos, como ahora, intentando desentrañar algo de aquel todo tan cerrado e imposible.

—Lo mejor es que Dios no existiera.

Mirábamos a mi hermano Amaro, que tenía un alma dada a las reflexiones.

—Porque si existe y pasa lo que pasa, entonces es que Dios está con los malos. Eso es indudable. Así que mejor que no exista.

—Sí, mejor.

Pero, sin embargo:

> Rubí encendido en la divina frente,
> Aldebarán,
> lumbrera de misterio,
> perla de luz de sangre,
> cuántos días de Dios viste a la tierra,
> mota de polvo,
> rodar por los vacíos,
> rodar la tierra.

Y Amaro:

—Porque si existe y está con los malos, que son los que siempre ganan, entonces sí, que estaríamos todos fastidiados.

Aldebarán, Aldebarán.

No sabíamos por dónde quedaba, qué estrella era, qué camino recorría. No sabíamos nada y la buscábamos en las noches de los sábados. Uno tras otro.

—¿Será aquélla?

—Estaba pensando en eso. Yo me decía: hoy no vamos a buscar a Aldebarán.

Llegó don Miguel de Unamuno a la reunión, que celebrábamos junto a la fragua de Benigno, una noche muy noche.

—Ahora sí nos riñen en casa.

—Sólo son las nueve.

—Pero se preocupan.

Llegó don Miguel tal como era don Miguel; porque sus fotos las habíamos conseguido en la biblioteca de Tío y entre los libros prohibidos pero guardados en los estantes de la Librería de Quirós. Lo conocíamos bien, alto, seco, con el pelo hacia atrás y el cuello de la camisa como de cura extranjero.

No nos hablaba don Miguel, no era como Rubén; don Miguel llegaba, nos miraba y nos dejaba helados y confusos.

Tío decía:

—A los quince años no se puede leer a Unamuno. Es demasiado pronto, hay edades para todo.

Pero, ¿quién podría sacarlo de nosotros?

Todos van en silencio, solitarios,
sin una vez juntarse:
todos se miran a través del cielo.

Una vez en la Universidad de Texas, en Austin, Ángel estaba dando un curso sobre don Miguel, y yo llegué por sorpresa.

—Mi amigo Taibo estudiaba a Unamuno a los quince años.

Los alumnos norteamericanos me miraban como a un monstruo.

—Y tú también.

Ángel reía y decía:

—Pero a mí se me quitó.

Los alumnos norteamericanos no sabían por qué nos reíamos con don Miguel.

En el parque de San Francisco, mirando al cielo, Benigno Canal, de pronto, se tiró un pedo.

Fue algo terrible, fue una cosa siniestra.

Aldebarán se iba a hacer puñetas y don Miguel se marchaba espantado; pero Benigno dijo:

—Y puedo tirar seis más; seguidos.

Se hicieron apuestas y los tiró. Era un fenómeno.

Aldebarán, Aldebarán.

Sobre una colina

El parque o el campo de San Francisco limita a la izquierda, según se contempla desde la calle Uría, con Ken Maynard.

Desde lo alto de la colina en blanco y negro, Ken Maynard nos saluda agitando su enorme sombrero de *cowboy*.

Ken Maynard apenas tiene labios, sino una corta hendidura con la que sonríe o amenaza, usa enormes pañuelos floreados y monta un caballo blanco que sobre la colina se pone de patas y agita las manos mientras relincha, relincha y el cine entero relincha con él, de júbilo, de victoria, de alegría desencadenada, alegría que perdió los eslabones y grita en la sala oscura y se vierte y se deja ir junto a Ken Maynard por los interminables caminos del Oeste con los que esta noche volveremos a soñar.

Antes de iniciarse la película en el Teatro Principal, hay que ponerse en pie y cantar los himnos.

—¿Los tres?

—Sí, joder, los tres.

Las luces de la sala están encendidas y quienes vinimos a la cita con la aventura nos encontramos vigilados por falangistas invisibles, por enemigos ignorados, por todos.

De pie, con el brazo extendido.

—La posición correcta es un ángulo de ochenta y cinco grados con el cuerpo.

—Pero Franco saluda con el brazo como encogidito.

—Franco es Franco.

Un hombre de rostro enjuto, con la camisa azul y el correaje brillante bajo las luces de la sala, se pone firme, alza el brazo, levanta el rostro y, antes de contemplar las aventuras de Ken Maynard, canta.

El hombre saluda al final de cada himno dando un taconazo; luego mira a su alrededor y las mujerucas se hunden en sí mismas y mantienen aún el brazo en alto, tembloroso, en una posición francamente antirreglamentaria, como si lo tuvieran a media asta, doblado por el codo. Muy mal, muy mal.

El hombre es un camisa vieja al que todos conocen.

Dio el paseo a más de cien.

—Y a doscientos.

Por favor, por favor, que Ken Maynard salte hasta la sala y lo acribille a tiros. Por favor, por favor, por favor, que su caballo lo pisotee y le aplaste el cráneo. Por favor, por favor, por favor que aparezca Dios e intervenga, porque Ken Maynard no tiene permiso para entrar en la vida ovetense, ni para salir del Oeste de buenos que siempre ganan y malos que siempre pierden.

Amaro sonríe y dice:

—Deja a Dios en paz. ¿Si viene y es camisa vieja?

Todos nos reímos tapándonos la boca con las manos.

Ocupamos cinco butacas de una fila, como todos los domingos a las tres y media de la tarde. Treinta céntimos por butaca. El que tiene dinero es Benigno que trabaja en la herrería y gana su propio sueldo. Es el rico, el generoso y el que invita al cine. Nadie le discute el privilegio.

Amaro trabaja en una farmacia y le han puesto a revolver, con una enorme pala de madera, una pomada contra la sarna. La pomada se mueve con dificultad, dentro de un caldero enorme.

—Cincuenta kilos.

—¿Y quita la sarna?

—Da hambre.

Nos volvemos a reír, porque después de los himnos tiene que proyectarse el documental.

Una vez alguien se tiró una pedorreta en la sala y encendieron las luces y pasaron el documental cuatro veces. En las cuatro veces aparecía Francisco Franco y unos jóvenes, de espaldas a la pantalla, comenzaban a aplaudir y a mirar a quienes estaban en la sala. Todos aplaudíamos.

—Todavía no hemos acabado con todos los rojos hijos de puta.

No, todavía no habían acabado.

Llegábamos al cine con los pies mojados porque el invierno de la guerra fue el más largo del mundo; llegábamos con los zapatos forrados con cartones, pero los cartones de la guerra eran los más porosos del mundo. Llegáábamos tan alegres, tan ansiosos, tan amigos. Sobre todo llegábamos tan amigos. Éramos cinco muchachos que andaban en cuadrilla a todas horas, apenas si la crema contra la sarna, el carretillo, la escoba, los libros de estudios de Ángel o los hierros al rojo de Benigno, nos dejaban libres.

Llegábamos a la sala y esperábamos, después de las obligadas humillaciones.

—Yo no canto, abro la boca y la cierro nada más.

—Yo antes de cantar, digo: mentira, mentira.

—Yo canto, qué otra cosa, cojones, puedo hacer.

Benigno no hablaba mal, si no era por causa de Franco. Su lenguaje tiraba a lo lírico.

—Tiene la piel como melocotón.

—Es un poco pálida.

—También hay melocotones palidinos.

Y entonces, a la chica la llamamos «Nalga Pálida». Así éramos. Ni tan siquiera don Miguel nos podía contener en nuestro afán destructor.

—¿Qué destruimos, de verdad, qué?

—Nada.

Y nos quedábamos mascando la desilusión, por no poder destruir nada.

Pero el domingo, al cine.

Nadie sabrá nunca de dónde salieron tantos films de Ken Maynard. Se sucedían de forma inacabable. Cuando llegué a crítico de cine nunca me atreví a reconstruir la filmografía de Ken Maynard; acaso sus films y su caballo, y su enorme sombrero y la colina en blanco y negro es sólo un sueño.

Por lo pronto, Benigno, Ángel, Amaro, Manolo y yo somos los únicos en el mundo que sabemos que Ken Maynard es mejor que Buck Jones, que Tim McCoy, que William Farnun, que William Desmond.

Y acaso, esto no es tan seguro, Ken Maynard es mejor, también, que Tom Mix. Pero no tan seguro.

Los hombres mayores, cansados de la guerra, los vencidos que sólo habían sido liberales pero estaban depurados, las mujeres que llevaban a su nieta al cine, los enamorados que se iban a tocar las manos, porque si se tocaban otras cosas les sacaban del cine por inmorales; toda una espesa humanidad con olor a cebolla y aceite sin refinar, vestida con trajes a los que les habían dado vuelta, estaba allí, a las tres y media de la tarde del domingo, para ver a Ken Maynard, sobre un caballo blanco, saludar desde lo alto de una colina en blanco y negro.

En la casa Papá y Tío nos esperaban escondidos tras de la barrera de ropa vieja. Hablamos en susurros.

—¿Qué tal la película?

—Muy buena, de Ken Maynard.

Papá prefería a Tom Mix.

—Puede que tengas razón. Pero Ken Maynard...

Cuando Teresa se iba a la cama (Teresa era la verdadera dueña de la casa, pero nos la alquilaba) los escondidos salían de su guarida.

Mamá dormía en una habitación sin puertas, que daba a un pasillo. La puerta había sido sustituida por una cortina. Papá se deslizaba desde su refugio, en calcetines, y se iba a la cama de mamá.

Un día tembló la tierra en Oviedo y Teresa salió de su cuarto, al fondo de la casa, gritando y se metió en la cama de mamá.

Allí estuvieron los tres, a oscuras, esperando que el temblor no derribara la casa, tan vieja, tan temblorosa ya.

Teresa rezaba y mi padre se encogía contra la pared, porque la cama ocupaba casi toda la habitación.

Semanas después, Teresa se enteró de que había compartido la cama con mi padre.

Se santiguaba apresuradamente.

—Parece de novela. Palabra de Dios que parece de novela.

—De película.

Pero de película ya no era. En las películas que pasaban en la zona nacional nadie se metía en la cama.

Los amores primeros

Mi primer amor fue una máquina de coser marca Singer. La máquina tenía una tapadera de madera en forma de tubo partido por la mitad a todo lo largo.

La tapa era colocada sobre la máquina todas las noches, y durante el día, mientras tía y mamá cosían, quedaba escondida en un ángulo del cuarto.

Si uno cabalgaba sobre la tapadera, la delicada curva de la madera, la suavidad al roce, lo orondo de sus redondeces la convertían en un caballo mágico y cargado de sorpresas.

Un día el caballo mágico se hizo mujer y la tapadera pasó a convertirse en un redondo culo femenino; no recuerdo con precisión cómo se produjo el hecho ni si fue en una tarde cualquiera, rodeado de mujeres ajetreadas, o en la entrada de la noche, cuando la habitación se quedaba vacía y todo el trasiego se iba desplazando hacia la cocina primero y luego en dirección del comedor.

La tapadera se ofrecía más importante y sugestiva en la soledad, pero es posible que el primer acto de amor me haya sorprendido en cualquier momento de la mañana.

Yo tendría por entonces muy pocos años, acaso siete u ocho. Pero el amor por la máquina de coser fue excitante y oculto, malvado e irremediable. La máquina me aguardaba en el atardecer y me ofrecía sus opulentas formas para que yo cerrara los ojos y me dejara llevar por una serie de emociones estupendísimas.

Acaso antes exageré, puede que ni tan siquiera las primeras cabalgaduras estuvieran relacionadas con las nalgas de esta o aquella señora entrevista en una visita a mi hogar. Acaso la propia máquina era toda mi ilusión y hasta es más que posible que yo haya tardado en relacionarla con un ser humano.

Pero con el paso del tiempo mis visitas al cuarto de costura se fueron haciendo más apasionadas y más ocultas, más pecaminosas y más abiertas a todos los goces.

La máquina de coser llegó a ser un amor maldito y salvaje y el niño de ocho años se colaba en la habitación para conseguir un desconcertante latido, un fulgor en la cabeza y una cierta humedad en los calzoncillos que luego había que limpiar en el cuarto de baño con todo cuidado.

Mucho tiempo después, Carmina Labra, prima de Ángel, me dijo que los hombres que montaban a las mujeres por detrás tenían fuertes tendencias homosexuales. La afirmación se produjo en un medio muy formal como para que yo le dijera que a mi máquina de coser no se la podía montar por delante.

A los diez años mi familia fue zarandeada por la Revolución de Octubre y yo aprendí algo que más adelante me serviría para defenderme; que ninguna derrota es la derrota.

Aprendí, también, que las mujeres tienen pelo en el pubis y eso resultó desconcertante; más que desconcertante resultó brutal. Yo tenía la idea de que el cuerpo de la mujer era un paisaje suave, de muy delicadas laderas y de tacto cálido, pensaba, también, que sobre estas dimensiones se extendía una pelusa sobre la cual los dedos se iban deslizando muy delicada y satisfactoriamente.

El primer pelo de pubis que toqué en mi vida me hizo retirarme estupefacto. Era el de una prima lejana mía con la que dormí aquella noche en la que los revolucionarios iban a entrar en Oviedo y a establecer ese paraíso socialista del cual oía hablar a mi familia.

La prima dormía, la habitación estaba a oscuras y nadie vio mi rostro sorprendido.

Pero esto eran amores sin amor; después vino el amor como la sangre y el pulso y el súbito despertar en medio de la noche y todo lo demás.

Nos enamoramos todos al mismo tiempo, de todas nos enamoramos, de algunas dos y tres al unísono, de otras uno solo, en atormentado trance.

—Pero, dime la verdad, Ángel: ¿tú qué le ves?

Y Ángel no le veía nada, pero la sentía toda. O no quería decir lo que veía o no era cosa de andar contando los sueños gozosos y las masturbaciones al filo del sueño.

Nos enamoramos los cinco y salíamos a buscar amores nuevos todas las tardes.

Mirábamos a las chicas con ojos de atrapadores:

—¿Viste esa? Es nueva.

—Mira aquélla; qué pechos.

—Dos.

Lo decía Manolo, que siempre tuvo una rara habilidad para destrozar los lirismos de Benigno, y los míos.

BENIGNO: La más bonita es la del vestido azul. Ya me estoy enamorando.

MANOLO: Imagínala orinando y se te quita.

Lo queríamos matar.

La ley prohíbe la blasfemia

Un día descubrimos la sidra del duerno.

No estábamos preparados para estas sorpresas; el sabor dulce, la aparente inocuidad del líquido, su color dorado, un poco turbio en ocasiones; todo convertía la sidra del duerno en un líquido apropiado para charlar alrededor de la jarra.

El chigre estaba por el Fontán, tenía un aire oscuro, con sus paredes casi negras de tanto humo y tanta conversación.

Una mujer, con mandil y una larga bata de florecitas negras y grises, servía las jarras de sidra y colocaba, distraídamente, los cinco vasos sobre la mesa.

La mesa era de madera fregada y refregada.

La sidra del duerno apareció al mismo tiempo que Federico García Lorca. Sabíamos mucho de él, pero por razones extrapoéticas.

—Mataron a Federico.

—¡Qué bestias!

—Lo sacaron de su casa, en Granada, y lo mataron. Lo dijo radio París.

Y después: quién era, qué escribía, qué significaba, cómo era.

Incluso, en algunas ocasiones, que yo me la llevé al río creyendo que era mozuela. Pero a pesar de eso los cinco estábamos muy lejos de Federico, era sólo un autor y una injusticia más.

Hasta que aquel día, frente a los cinco vasos de sidra dulce, se me apareció Federico en un libro que jamás se ha vuelto a separar de mí. El libro había sido escondido por Tía en algún cajón, para que no nos diera un disgusto. Una vez llegó una pareja de policías a casa, a registrar, y uno de ellos dijo: Aquí hay muchos libros rojos.

Tía, al día siguiente, quemó más de treinta encuadernados en ese color.

E hizo bien, porque el policía hablaba, seguro, de la encuadernación.

El libro, sin embargo, tenía las pastas azules, pero llevaba por dentro el nombre de Alberti, el de Unamuno, el de Lorca. Así que se fue al fondo de un cajón, hasta que yo lo descubrí una tarde, revolviendo cosas.

Poesía española. Antología 1915-1931. Editorial Signo. Avenida de Menéndez Pelayo, 4. Madrid. 1932.

Ahí estaba Federico y ahí nos estuvo esperando hasta que habíamos cumplido dieciséis años.

Leíamos en voz baja, en aquel chigre que había perdido a más de la mitad de sus clientes, en una penumbra color de tabaco, contemplados por el dueño, que movía desganadamente un trapo sobre el mostrador y por la mujer del mandil. Al fondo, posiblemente, otras dos o tres personas.

Federico entró en el chigre, saliendo de su muerte, y se nos plantó delante de la sidra. Leíamos con la garganta anudada, con los ojos brillantes, con el libro temblando. Pasaba el libro de mano en mano y los vasos dejaban en los labios una sensación pegajosa.

Viento del Sur. Moreno, ardiente. Llegas sobre mi carne, trayéndome semilla de brillantes. Miradas, empapado de azahares.

Solíamos leer Manolo, Ángel y yo; Amaro escuchaba y Benigno se sentaba muy tenso, con la cabeza erguida, como un muñecote.

Pones roja la luna y sollozantes los álamos cautivos, pero vienes, ¡demasiado tarde! ¡Ya he enrollado la noche de mi cuento en el estante!

Todo nos estaba llegando demasiado tarde, la vida también se había enrollado en algún estante esperando otra ocasión que no llegaba.

Todas las palabras tenían un sentido para nosotros, diferente al que Lorca había querido darles, pero igualmente tristes, y como muy desesperanzadas. Las palabras estaban cargadas de belleza y de dolor, de sorpresa y de adioses.

Éramos un grupo de muchachos que abríamos una puerta y nos encontrábamos con la poesía asesinada, aún bella, aún llena de fuegos, pero salpicada por algo que conocíamos muy bien; los agujeros redondos de las balas.

Federico estaba en el chigre, recién muerto, pálido y agujereado; muy joven, como uno de nosotros, con la frente manchada y las manos llenas de tierra. Allí estaba, junto a la mesa, la jarra de sidra, los cinco vasos.

¡Qué dolor de penumbra iluminada!

Estábamos llorando sobre la sidra, cuando la mujer vino con otra jarra y la dejó sobre la mesa sin decir nada.

¡Cómo se recuerdan estas cosas, cómo todo va a parar a un lugar en el que el hecho se agazapa y espera salir, saltar, un día; cómo hay que volver a un lugar semejante, otra penumbra iluminada, otro aire color de tabaco, para que aquella tarde se reproduzca otra vez igual que ahora, y vea a Federico que no es el que conozco por las fotos, sino un joven al que podría pintar ceja a ceja, sonrisa, ojos y frente manchada de barro!

Manolo lee en voz alta, con una voz educada y aun serena, nosotros nos vamos hundiendo en la sidra; ¿quién dijo que no emborracha?, nos vamos ahogando en el poema. Manolo deja de leer y me pasa el libro, yo lo tomo y casi sin voz prosigo: la hoguera pone al campo de la tarde unas astas de ciervo enfurecido. Todo el valle se tiende. Por sus lomos caracolea el vientecillo.

Ángel cuenta cómo mataron a Federico, él lo sabe mejor que nadie. Lo escuchó a su hermana, que había leído las cosas de García Lorca cuando estudiaba para maestra. La muerte de Federico se había extendido por toda la España derrotada, de boca a oído, en susurros, llenándola de detalles terribles.

Bebemos la sidra que aún queda en los vasos; Benigno se levanta y va a pagar al chigrero. Sobre el mostrador, junto a un reloj parado, hay un gran letrero impreso en caracteres negros:

«La ley prohíbe la blasfemia.»

Entonces Benigno, lo recuerdo mirándonos furioso, dice:

—¡Vámonos, aquí no se puede hablar!

Federico en el mercado

La plaza del Fontán ha sido descrita con mucho garbo por don Ramón Pérez de Ayala y yo no quiero volver sobre ella por vergüenza e incapacidad. Diré que está para mírame y no me toques, que las casitas retorcidas son como de pasta flora y que los arcos tienen la fragilidad de esas columnas de escenografía barata y leve.

En el centro de la plaza se reúnen los vendedores y vendedoras de verduras, habas y lechuga fresca y a su alrededor quienes venden juguetes, camisetas de felpa, paraguas finos y hasta madreñas pintadas al fuego.

En la guerra la plaza estaba muy triste porque los vendedores y las vendedoras acudían a ella como fantasmas de mirada nostálgica, para comprobar que todo seguía en pie y que algún día, más tarde, podría volver a ponerse en uso.

La plaza del Fontán tiene la medida del niño y la nostalgia de las cosas rotas; a ella llegó Federico García Lorca con su grupo de alegres comediantes.

Lo supimos poco después de haber conocido a Federico, de aquel día en que conocimos también la sidra del duerno.

Alguien nos dijo: Federico y sus actores hicieron una obra de teatro en el Fontán, para toda la gente.

Queríamos saberlo todo:

—¿Y cómo era? ¿Qué hacían?

Nos hablaba un maestro viejo, de chaqueta de pana, que solía meter las manos en los bolsillos con los puños cerrados.

Levantaba la cabeza, como buscando la imagen en el cielo, y nos decía:

—Llegaron cantando.

No recuerdo que nos haya dicho algo más.

—Llegaron cantando.

Un día, años y años después, fui a comer carne gobernada al Fontán, y a media comida mi amigo Juan Benito me sacó del chigre y me llevó hasta el lugar exacto.

—Aquí fue en donde actuó Federico García Lorca y sus amigos.

Y puso el pie sobre la tierra, con mucha fuerza.

Yo le dije:

—¿Sabes que llegaron cantando?

—No, no lo sabía.

Volvimos al chigre y seguimos comiendo la carne gobernada. Al salir pregunté al chigrero:

—¿Ustedes vendían antes aquí sidra del duerno?

—No, no. No creo. Ahora ya ni sidra corriente vendemos. No conviene.

Entonces fue en otro sitio en donde conocí a Federico, por aquí cerca.

El amigo me dijo: «Puedo decirte qué obra representaron, quiénes vinieron a verla, con quién cenó aquella noche García Lorca. Investigué su visita. Lo sé todo.»

Yo llegué hasta el sitio exacto y puse el pie, también con mucha fuerza, sobre el suelo.

—¿Fue aquí?

—Sí, justo aquí estuvieron actuando.

El piso estaba muy húmedo porque había llovido la noche anterior. En el centro de la plaza, tan recogida y tan vulnerable, rodeada de casas por los cuatro costados, habían quedado hojas de lechuga, manzanas podridas y cajas de fruta.

En la mitad, justamente, la fuente soltaba un chorrito de agua y un perro de caza bebía, contemplado con gran concentración por su dueño, que parecía inquieto por el exceso de bebida

—Ya estuvo bien, Canelo, ya estuvo bien.

Recordé al maestro de la chaqueta de pana, con los puños apretados y escondidos.

—Llegaron cantando.

Era un grupo de comediantes estudiosos que llegaban cantando, gastándose bromas, hablando en voz alta, con acento andaluz, probando la sidra con un gesto de extrañeza, un chasquido de labios y una aceptación final no del todo convencida.

Llegaron cantando, y aquí, en donde el pie señalada, montaron su teatro.

Poco después todo se iría a la mierda.

—¿Qué te pareció la carne gobernada?

—Es un invento local: más bien de la casa.

—¿La habrá comido Federico?

—Quién sabe. Pero creo que no.

Historias vivas de historia

Los negritos eran muy discutidos por el grupo de amigos, en los primeros tiempos después de la derrota de Asturias.

Según Benigno, los negritos se hacían con todos los desperdicios del obrador; esta teoría parecía confirmarse a través de las declaraciones de algunos otros entendidos.

Los negritos, sin embargo, continuaban atrayéndonos con una fuerza tal que conseguían retenernos durante cinco o diez minutos delante de la confitería.

Eran redondos, en forma de calderito de hojaldre y estaban rellenos los tales calderitos de una masa que parecía conformada con avellanas, nueces, harina de azúcar y algunas otras sustancias de más difícil identificación.

Caminábamos por la calle Uría y nos parábamos, irremediablemente a contemplar los negritos.

Una tarde estábamos contemplándolos con el mismo recogimiento de siempre, a pesar de que Benigno volvía a esgrimir su vieja tesis: «Los hacen con todo lo que sobra».

—¿Y qué? —decía Amaro.

En ese momento llegaron dos hombres muy altos, fuertes, hablando casi a gritos. Venían con muchas copas encima; traían la camisa azul debajo de las chaquetas y reían por cualquier cosa. Nos vieron frente a la pastelería y preguntaron:

—¿Quién es la mejor reina del mundo?

Ángel, Manolo y Amaro despertaron de la contemplación de los negritos para responder.

—¡Isabel la Católica!

—¿Y el mejor rey del mundo?

—¡Fernando el Católico!

Uno de los dos gritó feliz:

—Muy bien, estos tres que pasen y que se coman todos los pasteles que quieran.

Y Ángel, Amaro y Manolo pasaron y se comieron seis negritos cada uno.

Benigno y yo estábamos indignados; era una traición política, y, además, lo veíamos a través del escaparate; estaban comiendo negritos. Esto último era ya una guarrada.

Cuando salieron los reñimos, pero los tres sinvergüenzas ni respondieron ni se sintieron ofendidos.

Solamente Ángel dijo respirando hondo:

—Yo me hubiera podido comer uno o uno y medio más.

Esta dolorosa lección de historia llovía sobre mojado. En 1934 estaban exilados en Bruselas mi padre y mi tío, junto con otro grupo de socialistas; un día decidieron mandar por sus hijos y allá nos fuimos. Éramos los exiliados más jóvenes de España. Los hijos de Benito Taibo, los hijos de Belarmino Tomás, los hijos de Amador Fernández, el hijo de Arregui, los hijos de otros muchos llegaron a Bruselas en el asombro más absoluto; veníamos de Oviedo, de Sama, de Mieres, de pueblos más chicos aún, y allí estábamos, en la Grand Place, mirándolo todo estupefactos.

Nos enviaron a un colegio del gobierno, en donde algunos maestros que sabían algo de español se obligaron a enseñarnos.

En mi grupo estaban como diez muchachos, y entre ellos Agripino Tomás, que usaba una gran gorra de visera y pantalones bombachos de un tamaño descomunal. Andábamos todos por los diez años de vida.

Y un día en el patio unos chicos belgas comenzaron a insultar al duque de Alba y terminamos a golpes.

Amaro y yo llegamos a casa con averías en el rostro. Papá preguntó:

—¿Ustedes defendieron al duque de Alba?

—Sí.

—¿Por qué?

—Pues porque era español.

—Pues la razón la tienen los belgas.

Con la nariz partida, un ojo medio cerrado y sin razón. Tengo idea de que estuve llorando toda la tarde.

De cualquier forma, el caso de los negritos resultó más duro aún.

Amaro quería saber:

—¿Y vosotros dos, idiotas, por qué no dijisteis que Isabel y Fernando?

A mí me hubiera gustado decir que por dignidad, pero tenía miedo que Manolo me lanzara una trompetilla.

Además, yo no estaba muy seguro de que no hubiera sido por idiotez.

Los tres marqueses

La frase se había convertido en un ritual:

—¡Marqués, como el divino lo eres, te saludo!

Y el marqués entraba feliz en la reunión de amigos hermanados. Pero hasta los rituales son un día examinados por espíritus voraces o inquisitivos.

—Hay que dejar claro esto de los marqueses.

Y era cierto, porque constantemente teníamos que confesar que el marqués divino era un desconocido.

Ángel opinaba que el divino era algún renacentista que bebía los vinos en copa de oro.

Manolo preguntó a un joven maestro que iba a la librería Cervantes a comprar libretas escolares y gruesas de lápices del dos.

—¿El divino marqués? ¡Como no sea el cochino de Sade!

Y así entró el nombre en el grupo, mucho antes que sus libros y su imagen.

Yo le pregunté al tío:

—¿Qué escribió el marqués de Sade?

—Era un enfermo. No es lectura aún para vosotros.

Tío fue siempre un hombre liberal y generoso; nos llevaba de la mano de un libro a otro, de una época a otra. Pero lo de Sade era demasiado.

—¿Qué años tiene ahora Benigno?

—Quince.

—¿Y tú?

—Catorce.

—¿Los demás?

—Trece y catorce

—No: mejor dejan al marqués para más adelante.

Pero no dejábamos a ninguno de los tres marqueses. El primero, el marqués de la Vega de Anzo, que nos importaba un carajo, pero era motivo de canciones hostiles. Al segundo, el marqués de Bradomín, que andaba mezclado con don Ramón del Valle-Inclán y nos traía a la tertulia a la niña Chole. El tercero, el divino.

Un día llegó al grupo un amigo nuevo que se apellidaba De la Vega.

—¿Tienes algo que ver con el divino marqués?

De la Vega nos miraba un poco escamado.

Y Ángel, muy cabronamente; con el marqués de la Vega de Anzo. Nos reíamos todos hasta que nos dolía la barriga. El amigo nuevo sospechaba que le estábamos tomando a coña.

Manolo sostenía:

—Pues un poco decadente parece. ¿No crees?

De la Vega tardó en saber que estábamos investigando la vida del señor de Sade.

Creo que fue Ángel, o acaso Benigno, el que consultó al viejo enemigo:

«Sadismo.– Acto a través del cual una persona goza con el sufrimiento de otro ser. Proviene del marqués de Sade, escritor y político.»

Nos quedamos asombrados, porque nunca se nos había ocurrido mezclar al divino con el sadismo. Pero dejamos de saludarnos con el viejo rito; el sadismo no era cosa de juego.

Salían en la madrugada los camiones cargados de hombres y volvían vacíos para ser lavados con toda atención, porque las manchas de sangre son pegajosas y pertinaces.

Aquel puño cercenado entrevisto en el parque de San Francisco era otro dato angustioso.

Vivíamos demasiado cerca del Gobierno Civil y los gritos sonaban en la noche atravesando las ventanas sin cristales y poniendo en cada muchacho, en cada niño, una angustia en el pecho. Se decían los nombres de los torturadores.

—¡No es posible! ¡Pero si lo conocí de niño!

Las mujeres se miraban pálidas.

—¡Si su padre lo supiera, fue un santo de Dios!

El hijo del santo de Dios se divertía haciendo beber a las mujeres aceite de ricino. Después se sentaba para ver cómo les cortaban el pelo.

—Pero, ¿quién te lo dijo?

Y aparecía el nombre de la propia víctima, que también había conocido al santo de Dios y también recordaba a un muchachito que paseaba por la Silla del Rey tomado de la mano de su papá.

Estas eran las historias que escuchábamos en nuestras casas y las que nos repetíamos, a pesar de que mamá procuraba cambiar de conversación y la mamá de Ángel se negaba a creerlo.

Antes de matarlo lo colgaron de los huevos.

Apareció con las orejas cortadas.

Vinieron por el padre y se lo llevaron, después volvieron por el hijo, que tenía diecinueve años, y se lo llevaron también. En la casa sólo quedó la criada y Juanín, el pequeño; todos los demás desaparecieron.

De pronto nos cruzábamos con un grupo de presos con las manos atadas, envoltorios de ropa bajo el brazo, caminando custodiados por fusiles y rostros de expresión cerrada. Los mirábamos desde lejos, sin sentir nada, sólo un vacío absoluto y una fatal desesperanza.

Los niños sabíamos mucho de sadismo por el año 1939. Era inútil que Tío nos recomendara:

—Esperen a leerlo más adelante. Aún es pronto para ustedes, hay otras cosas. ¿Ya se leyeron *La isla del tesoro*?

Una vez, cuando yo tiraba del carretillo por la calle Toreno, cuesta arriba, vi a un preso con las manos atadas a la espalda. Lo llevaban al Gobierno Civil; tenía una mancha roja en la cara, a la altura del ojo izquierdo. No lo olvidé.

Las imágenes y las noticias se acumulaban en una cámara de horrores.

La radio acusaba a los rojos de cosas semejantes.

—¿Tú lo crees?

—Quia, mentiras. Yo conozco a mi padre.

Y Ángel conocía a sus hermanos, y Benigno a los suyos, y Manolo conocía al tío Sandalio, que era un socialista de toda la vida incapaz de convertirse, de pronto, sin más ni más, en un mierda.

Ellos eran diferentes, a pesar de que el Santo de Dios sacara a su hijito a pasear al sol del otoño por la carretera de la Silla del Rey.

—¡Hijito, hijo de la gran puta!

Benigno hablaba fuerte, pero bajo.

Aún vivíamos en la calle Asturias y Tío salía de su guarida tras del armario en las noches. Una vez nos contó:

—Cuando la Revolución de Octubre, al final, ya todo perdido, me detuvieron y me llevaron al convento de las Adoratrices. Allí me entrevistó el comandante Doval y me golpearon y luego me ataron a un árbol y un piquete de fusilamiento se puso delante de mí y hasta dieron el grito de fuego. Pero no dispararon.

Luego Tío sonreía y nos decía a los niños:

—Por eso estoy aquí.

Entonces ya conocíamos a un sádico, a un comandante Doval, a un tipo al que habrá que castigar algún día, algún día, algún día. Mamá no era partidaria, nunca lo fue: «Hay que perdonar. No nos podemos matar unos a otros.»

Y cuando llegó mi padre, aquel día en que se apareció en el portal de la casa de la calle Asturias, y Amaro se quedó inmóvil, mirándolo, en silencio, porque Papá se había llevado un dedo a los labios, muy rápido, en un gesto fugaz, y Amaro, y yo también, seguimos cerrando a martillazos un cajón con libros, en el portal, y esperamos un gran rato, un tiempo interminable, con los ojos llorosos y bajando la cabeza, hasta poder subir.

Y cuando llegó mi padre, decía, le preguntamos:

—¿Tú mataste a alguien?

A Papá la pregunta le dejó como helado, sin habla, mirándonos con los ojos hundidos.

—Nunca maté a nadie que yo sepa. Pero disparé muchas veces contra el enemigo, y acaso una bala...

Ya teníamos sobre diecisiete años cuando el amigo nuevo, aquel De la Vega, quería saber:

—¿Qué era aquella broma de los marqueses? ¿Se acuerdan? Cuando nos conocimos.

—Es que, verás, hay tres marqueses. A saber: el Marqués de la Vega de Anzo, que pensamos era tu papá. El Marqués de Bradomín, que se echaba once polvos sin sacarla, y el divino, que resultó un cabrón.

Éramos injustos, pero el comandante Doval pesaba demasiado, y pesaba demasiado aquel matrimonio tirado sobre la tierra del parque, y los presos y los gritos en la noche y el pelotón de fusilamiento instalado en un patio de un convento de monjas.

Por cierto que las monjas de Oviedo estaba muy indignadas; había descubierto que los hijos del líder socialista Amador Fernández no sabían el Padrenuestro.

Ángel y Juan Ramón

Los héroes nos invadían por todas partes, mezclándose con nuestra vida y asaltando nuestros sueños: Sandokán, Karl May, Miguel de Unamuno, Tarzán, Rubén Darío, el Zorro, Gerardo Diego, Ken Maynard, Federico García Lorca, Dostoyewsky, Gogol, Turgenief, Leónidas Andreieff, Alberti, Robinsón Crusoe, dos Machados, dos; Quevedo, Jack London, Galán y García Hernández, Pablo Iglesias, los Tigres de la Malasia.

Frente a estas huestes que entraban en nuestras vidas a través de libros, leyendas, noticias vagas, colocábamos la perversión: Hitler, Mussolini, Franco, Isabel la Católica (que para mí siempre ha sido un sello de Correos), la policía, los falangistas, los guardias, los jueces, los fiscales, el imperio, los himnos, los escudos, la poesía de los triunfadores, los confidentes, los textos escolares, el cine nacional.

Y en los largos paseos por la Rosaleda, dando vueltas a la Fuente de las Ranas, caminando en un apretado grupo de confidencias y noticias recién adquiridas, en esos momentos: la esperanza de huir: París, Londres, Nueva York, Brasil, México, el Amazonas, la selva, el Oeste, el Paraíso. Lo que sea pero que esté fuera de España (de esta España, claro).

Los borbotones de cultura nos llegaban por muy diferentes lados. Manolo los recibía, sonriendo, de sus amigos los maestros de escuela viejos. Maestros que eran liberales milagrosamente salvados de la hoguera, seres enamorados de su oficio y sin otra visión del mundo que los niños y niñas que iban pasando por sus manos.

Maestros que hablaban en voz baja y dejaban aflorar, con disimulo, una vena libertaria pero muy suavizada por tantas horas de labor docente.

Para Benigno la cultura eran aquellas revistas ácratas de sus hermanos, en las que tan pronto aparecía un «desnudo artístico» como un virulento ataque contra los curas.

Para Amaro y para mí la cultura nos llegaba a través de la biblioteca de Tío y del propio Tío.

Para Ángel la cultura venía a través de un largo camino de maestros de escuela, de profesores de magisterio; el padre, la madre, el hermano y la hermana.

Por todo esto, quien tenía que encontrarse con Platero era, irremediablemente, Ángel, al fin que *Platero y yo* era un libro que se leía en todas las escuelas antes de la guerra.

—Manolo, ¿en la librería lo hay?

—Está prohibido.

Entonces el ejemplar de Ángel cobró jama inmediata. Benigno sonrió, displicente:

—Jolín, un burro.

Pero el burro nos trajo llorando y llorando durante varios días. Ocurrió, sin embargo, que los amores con Juan Ramón Jiménez fueron conflictivos. Yo me enamoré y me desenamoré rápidamente. Aún ahora pocos de sus poemas me interesan.

Ángel, hoy, me mira como ayer:

—Pero, hombre, si es un gran poeta.

—Sí, sí; pero…

Supongo que en esto de la poesía el primer flechazo es también importante.

Ángel y Juan Ramón, sin embargo, han tenido unos amores felices, duraderos y fructíferos.

Cuando me envió desde Albuquerque sus libros sobre Juan Ramón, me dije: «Al fin, de ese gran amor han nacido hijos.»

Habían nacido gemelos: dos tomos.

Ángel era por entonces un muchacho de rostro redondo, con una mancha de color de café con leche en la frente y un caminar un poco a saltos, como si danzara o pisara sobre un colchón.

Era más callado que yo y menos pintoresco que Benigno, tan apacible como Amaro y menos sarcástico que Manolo.

Su humor resultaba suave y un poco triste en ocasiones. Cuando llegábamos a su casa adquiríamos el aspecto de un grupo de muchachos respetables, fingíamos una gran seriedad y saludábamos a doña María con toda cortesía.

Ángel no conoció a su padre, pero nosotros sí; estaba su retrato en el despacho y lo hubiéramos saludado si, un día cualquiera, vuelto de la muerte, se hubiera cruzado en nuestro camino.

Aún lo recuerdo; con una gran barba tupida y arreglada. Maestro de maestros, nos miraba desde el cuadro imponiendo respeto.

La casa de Ángel era grande, silenciosa, con una calma que ni tan siquiera el drama había conseguido alterar. Doña María alquilaba una habitación a un huésped, y no conocíamos al huésped; así resultaba todo de lejano, discreto y correcto.

En el despacho había retratos de los dos hermanos; uno en la zona republicana, el otro asesinado.

La hermana de Ángel hablaba con asombro a ese grupo de chavales que presumía de estar al corriente de la literatura rusa, y no sé si nos admiraba o pensaba que su hermano había conseguido un buen grupo de locos pretenciosos.

Una mujer con gafas, Soledad, ponía en el piso una autoridad oficial y algo ruda.

—¡Ángel, sin gabardina no sales!

—Hace sol.

—No hace nada; luego te acatarras y las que tenemos que cuidarte somos nosotras.

Y había que cargar con la puñetera gabardina.

Soledad era más que una sirvienta, era el capataz amoroso, el dictador querido, la lata en vinagre.

—¿Quién trae los zapatos manchados de barro?

Y todos, entre asustados y fastidiados, a mirarse las suelas. Aparecía el culpable y salía hasta la puerta de entrada a limpiarse los pies en el felpudo.

Doña María hablaba muy bajo, muy suavemente, con una voz que parecía protegerse de los confidentes de la policía y de las tentaciones de la mala educación. Nos miraba amorosamente y pensaba, estoy seguro, que su hijo había caído en buenas compañías.

Maruja era la hermana; curiosamente, las hermanas nunca fueron figuras esenciales dentro del grupo, sino más bien una carga que cada cual aceptaba resignadamente.

Mi hermana, Ana Mary, comenzaría a tomar vida en mi vida cuando empezó a llevar la comida a mi padre, a la cárcel. Entonces aquella niñita de trenzas rubias se convirtió en heroína.

Maruja era maestra de escuela y había sido depurada también.

Doña María salía muy poco de casa, vestía siempre de negro y era muy bajita.

Ángel comenzó a ser poeta ya mayor, ya abogado, ya maestro (como todos los suyos), ya salido de una tuberculosis que le llevó hasta Páramo del Sil.

A Páramo del Sil le mandé yo una carta contándole que me había enamorado de una muchachita que estudiaba en el Instituto Jovellanos de Gijón y que usaba calcetines.

Me envió uno de sus primeros poemas, es posible que el primero. Terminaba así:

> *No sé por qué*
> *me emocionó tanto*
> *la historia de tu novia*
> *con calcetines blancos.*

Platero y yo, Platero y todos nosotros; el burro, jolín, nos obligaba a avergonzarnos de nuestras lágrimas.

Había un llanto de rabia que no nos impedía sentirnos hombres y un llanto blando, vergonzante, que nos obligaba a limpiarnos los ojos, toser y cambiar de tema.

—Es que yo siento a Juan Ramón Jiménez como demasiado frío, demasiado lejano en sus versos y, sin embargo, con el burro ese del carajo se propuso ponernos a todos a llorar.

Ángel me miraba moviendo la cabeza:

—Que no, que no. Algún día lo comprenderás.

Pero resulta que pasaron más de cuarenta años y todavía no lo comprendí, debe ser que nací incapacitado para gozar con J. J.

Algunas de sus cosas, sin embargo, aún las puedo recitar en voz alta; porque éramos unos memorizadores asombrosos, tanto que los poemas se fueron quedando grabados en un fondo de memoria y de allí puedo sacarlos, cuando tantas cosas y tantos días se perdieron para siempre.

Lo que más me asombra, pensándolo ahora con cierta calma, es que en aquella acera de la calle Asturias hubiera un tan alto porcentaje de gente de letras por metro cuadrado; creo que el más alto de España.

Carlos Bousuño, Ángel González, yo mismo y después un vendedor de libros que rompería todos los récords nacionales: Manolo Lombardero.

Una noche se lo dije, hace poco, a Bousuño, en el Oliver de Madrid.

—¿No te parece como asombroso?

Bousuño movía la cabeza, esa misma cabeza de pájaro, ahora un poco desplumado pero no menos curioso y risueño:

—Sí, sí. Imagínate que en todo el país ocurriera igual, que el porcentaje se mantuviera en todas las aceras…

Nos reíamos con la copa en la mano.

Bousuño preguntaba maliciosamente:

—De joven, a Ángel, ¿le gustaba la poesía?

—Karl May.

—¿Quién?

Y Ángel, volcando su barba sobre la mesa, desde el otro lado, en forma muy confidencial y maligna:

—Un poeta expresionista alemán.

La esposa de Carlos preguntaba sorprendida:

—¿De qué se están riendo?

Y mi mujer:

—De ellos mismos.

Puede que la culpa no la tuviera ni Karl May, ni el elevado porcentaje de poetas que jugaban en la calle Asturias de Oviedo en el año 1936 ni nada, sino el hecho de que, al fin y al cabo, podíamos aún mirar hacia atrás y reírnos.

O, posiblemente, la razón estaba, sencillamente, en que ya habíamos bebido cuatro ginebras cada uno.

Volviendo a Juan Ramón; mucho después fui enterándome de su mala leche. Cosa rara, parecía como si a pesar del burro, jolín, de la limpia poesía y de todo lo demás, yo hubiera adivinado la mala leche.

En un café de la ciudad de México escuché, la primera y la última vez que le vi, a Luis Cernuda hablar de Juan Ramón.

No fue buena persona.

Dijo Cernuda y cambió de tema o dejó, creo, que otros lo cambiaran.

Mi hermano Amaro hizo una vez un poema, fue el único en el que jugaba con números. Ángel piensa que de todo el grupo es el que mejor hubiera escrito; pero con aquellos números terminó su producción y acaso aquellos números le llevaron hasta conseguir una maestría en ingeniería mecánica en México.

Lo que quiero decir es que aquel poema con números se parecía bastante a algunas cosas de J. J.

Otro poeta, Luis Rius, me decía, mientras Ángel nos miraba por encima del whisky:

—Es que tus juicios son siempre muy duros, pero muchas veces aciertas.

ÁNGEL:

—Esta vez, no.

De acuerdo; Juan Ramón es una brecha abierta en la acera de la calle Asturias.

De cualquier forma, nadie me podrá negar que Platero tenía demasiado algodón para ser creíble a partir de los diecisiete años.

Luis Rius ríe amablemente de estas cosas, Ángel mueve la cabeza y un tercer invitado en mi casa me mira feliz:

—Yo, cuando salió ese Platero dije que era una mierda, y Juan Ramón se puso enfermo. Se puso enfermo, de verdad. Se lo dijimos por carta, que escribimos desde un café de Figueras. Yo estaba entonces en Figueras, pasando unos días con Salvador Dalí. Firmamos la carta los dos y además le decíamos que si lo encontrábamos en Madrid le íbamos a afeitar la barba, por hablar así de un animal tan bello como el burro.

Luis Buñuel goza pensando en aquel momento, pero luego parece arrepentirse: nosotros no queríamos que se muriera Juan Ramón, lo que pasó es que el borrico era demasiado poético. A mí me gustan los burros, pero creo que a Juan Ramón no le gustaban.

Todos los animales me gustan; yo no haría sufrir nunca a un animal, jamás maté a un bicho para filmarlo en una película. Pero el Platero ese es una mierda, lo que pasa es que no debimos habérselo dicho así; se enfermó y no nos perdonaba.

Ángel concede que se le pasó la mano en el algodón a J.J.

—Luis, lo que yo discuto con Paco Ignacio no es *Platero y yo*, sino la poesía total de Juan Ramón Jiménez. Taibo dice que no vale.

Buñuel me mira y mueve la cabeza:

—Tú eres tan burro ahora como yo cuando estaba en Figueras.

Y se ríe, y nos reímos todos, y mi mujer nos llama para comer.

Pero antes, Luis Rius:

—¿A qué edad leíais a Jiménez?

—A los quince años, mas o menos.

Y Buñuel nos compadece: «A esa edad yo estaba boxeando.»

Están llamando a la puerta

La policía sabe que es policía, sabe que tiene el poder, sabe ejercerlo, sabe que las puertas se le tienen que abrir y que al otro lado de cada puerta hay un rostro desencajado que intenta, inútilmente, reconstruir la calma.

La policía no usa nunca el timbre, aun cuando lo haya y esté funcionando.

La policía estrella el puño contra la tabla y espera que la tabla no caiga al suelo; pero lo que se cae, al otro lado, es el corazón y el pulso, y las rodillas. Hasta los calcetines de los muchachos se caen al otro lado, cuando se estrella el puño del policía.

Por todo esto, los perseguidos nos acostumbrarnos a llamar a la puerta con un toquecito liviano, con un suave rasguño, con un repiqueteo de dedos.

Con el puño, jamás.

Por todo esto, que muchos de ustedes comprenderán de inmediato, mi familia, al igual que miles de españoles, llamamos siempre a la puerta con amor.

Usted morirá en la cama

Nos fuimos de la calle de Asturias, porque ya no teníamos dinero para pagar la renta, a pesar de que las mujeres habían vendido sábanas, relojes de pared, pulseras, collares y hasta libros con ilustraciones a colores. La casa se iba quedando sin cosas porque la casa se lo iba comiendo todo.

Así que la familia decidió irse a otro lugar más barato, más modesto y en donde no fuéramos conocidos.

La casa de la calle Asturias la habían alquilado Papá y Tío, porque ambos trabajaban en el periódico *Avance* y éste quedaba en la misma acera, a cien metros.

Pero ahora el periódico *Avance* se llamaba *La Nueva España* y cuanto más lejos estuviera, mejor. Fuimos al Postigo Bajo. Teresa nos realquiló casi toda su casa y fue a guarecerse en un dormitorio de la parte delantera. Era un segundo piso y debajo vivía una echadora de cartas.

La casa era vieja, triste, con olor a humedad, con grandes manchas oscuras en la fachada; la escalera no tenía luz y rechinaba lúgubremente.

Nos trasladamos un atardecer, Tío y Papá haciéndose pasar por viejos, caminando como ancianos, vestidos con pulcritud y tocados con sombrero.

Un carro nos llevó las cosas y Papá y Tío entraron en la casa cuando les hicimos una seña de que la escalera estaba vacía y nadie, en la calle, parecía sospechoso.

Al día siguiente mi hermana se enteró de que en la casa de abajo pasaban cosas raras.

Ana Mary contaba:

—Entra gente con uniforme, mamá.

Teresa lo aclaró ese mismo día:

—Es una echadora de cartas que se llama Marcela; los sábados vienen gentes de todo Oviedo, hasta guardias civiles vienen a verla. Era cierto; se formaba una cola en la escalera esperando ser atendidos por la adivinadora.

Marcela era una mujer gorda, de unos cuarenta años, que se vestía de oscuro y nos saludaba en la calle muy amable. A los dos meses invitaba a mamá y a tía a leerles el futuro. Mamá no quería, se asustaba, pero tía fue más valiente y entró.

A tía le dijo:

—Usted morirá en la cama.

Después tía convenció a mamá a que fuera a ver a Marcela, que no les cobraba.

Fue un momento terrible para mi madre.

Marcela le dijo:

—Su esposo tendrá un juicio y saldrá mal, pero en el segundo juicio se salvará.

Resultó que a mi padre lo juzgaron dos veces; la primera vez lo condenaron a doce años y un día y después revisaron su casa y redujeron la pena a seis años y un día.

Los fiscales nunca llegaron a saber que mi padre había sido comisario político en los últimos meses de la guerra. Salvó. Marcela asustó mucho a mi madre, porque todos habíamos dicho que Benito Taibo estaba en

Francia, exiliado. Marcela, por lo visto, tenía más olfato que Teresa, que jamás, la buena mujer, sospechó que en su casa había dos hombres.

A mí lo que más me extrañó fue la frase: usted morirá en la cama

Usted morirá en la cama vino rodando conmigo hasta el día de hoy, olvidándola y recordándola por tiempos, siempre pensando que tenía que usarla, acaso como título de un guión de cine o como base para un cuento.

Ahora vuelvo a la frase para hacer un elogio último de Marcela, la echadora de cartas del primer piso, que en aquellos días de guerra tenía un mensaje de esperanza para todos sus clientes:

—Usted no se preocupe; morirá en la cama.

Sobre alimentación

No recuerdo haber pasado hambre durante la guerra; no recuerdo que habláramos de comida los cinco amigos, por lo menos no hablábamos mucho.

Pero la comida era el gran tema que nos asediaba en la casa, en el trabajo, a todas horas.

Por entonces se inventaba la tortilla de huevo sin huevo, la sopa de harina con chocolate, el café sin café, el pan negro color de tabaco, con sabor a madera, con sabor a castaña, con sabor a mierda. El pan traía dentro de sí las cosas más extrañas; cucarachas también.

Cuando mi hermano salía de trabajar en la botica, de revolver la mezcla contra la sarna (se llamaba «Acaroleina») iba a recoger el pan de racionamiento.

Se lo entregaban en un puestecito que llamaban «Les Dioses», no sé por qué; no se parecían a diosas aquellas mujerucas arrugadas. Mamá no quería que fuera yo, porque mientras caminaba hacia casa mordisqueaba los bordes de los chuscos.

—Los traes como comidos por los ratones.

Amaro, que siempre fue más honesto que yo, se ponía furioso:

—Yo jamás los toco.

—Yo lo hago sin darme cuenta.

Mamá decía que, efectivamente, yo me comía el pan sin darme cuenta.

—¡Pues que se dé!

Y Amaro me miraba indignado.

Yo le tomaba el pelo:

—¿Cómo te fue hoy con Acaroleina?

Una vez se lo pregunté delante de otros chicos y se fueron muy preocupados:

—Qué nombre tan raro, será de Santander.

Mi hermano me tenía que aguantar muchas cosas; yo iba al parque, cuando sólo tenía ocho años, ocultando un libro debajo de la ropa. Mi hermano me denunciaba a gritos:

—¡Lleva un libro, lleva un libro!

Me registraban y me lo quitaban: el parque es para jugar.

Lo del libro le sentaba a Amaro como un tiro, porque yo no jugaba y el se tenía que fastidiar solo.

Una vez, como a los quince años, me levanté sonámbulo y oriné en un zapato de Amaro.

—Lo que me faltaba, y no digan que lo hace sin darse cuenta.

Y contaba todos los problemas que yo había acarreado a su vida. Era lo malo de ser inseparables.

Volviendo a la alimentación de guerra, diré que cuando el grupo de amigos comenzó a tener dinero, organizó una fiesta.

Fue en casa de Ángel. Compramos un kilo de harina, aceite, azúcar, y pedimos a Soledad que convirtiera todo eso en churros.

Era una fuente monumental, llegaba hasta la lámpara *art nouveau* y amenazaba con derrumbarse.

Repetimos la fiesta varias veces, en las tardes de invierno. Los cinco alrededor de una mesa camilla, contemplando con arrobo la montaña de churros dorados, cubiertos por una nevada dulce, olorosísima, satisfactoria.

Todo lo bueno se compraba en el mercado negro, todo lo malo era de racionamiento.

Las mujeres llegaban a casa y mostraban, indignadas, una serie de paquetitos envueltos en papel de periódico, cucuruchos insignificantes.

—¡Mira qué cochinada racionaron hoy!

—¡Y quieren que con esto comamos!

—Sin embargo ellos bien gordos están.

Y era cierto, los dirigentes franquistas eran casi todos gordos, algunos gordísimos.

La algarroba había entrado, por sorpresa, en nuestras vidas.

Antes de la guerra nadie sabía que existía la algarroba, y de pronto estaba en todas las casas. Pasaba lo mismo con la cascarilla, que era un café que jugaba en segunda división.

—¿Quieres un poco de café de cascarilla?

O bien: Hoy te puedo dar café-café.

En una época los falangistas tenían un cuartel por la calle Cervantes y les guisaba una mujer que era amiga de la familia y que, además, era roja; pero esto nadie lo sabía. Yo iba al atardecer con una cazuela y me la llenaba de lentejas guisadas con guindilla, bastante picantes. No recuerdo el nombre de aquella mujer; mi familia la quería mucho. Los niños también la queríamos, las lentejas despertaban un gran amor, por entonces.

Por causa de la alimentación perdimos en un grupo de jovencitas nuestra buena fama, parece que una de ellas dijo:

—¿Cómo pueden decir de esos que son intelectuales? ¡Los domingos se reúnen a comer como gochos diez kilos de churros!

Cuando nos enteramos dijimos: ¡Ya quisieran los gochos!

Como muere un poeta

Jamás nadie tuvo un grupo de lectores tan reverentes y tan entregados, tan enamorados de los textos, tan seguidores y tan enloquecidos.

Gerardo Diego no sabía qué lectores tenía en Oviedo y qué lectores perdió.

Las palabras de sus versos se almacenaron en nosotros y formaron un fondo de entusiasmo lírico del cual partíamos para cualquier acto cotidiano.

Que veíamos a una muchacha guapísima:

> *Era ella*
> *y nadie lo sabía.*
> *Los árboles se arrodillaban.*

Que nos quedábamos un rato en silencio, al atardecer, sentados en cualquier banco o recogidos en un portal protegidos de la lluvia de otoño:

> *Sentados en el columpio*
> *el ángelus dormita.*

Que llegaba al grupo uno nuevo, y preguntaba...

—¿Tú cómo te llamas?:

Mi nombre es la bandera jamás vista
impaciente de entrar en el combate.

Que se conseguía, al fin, sentarse junto a esa muchacha por la que no se dormía:

Déjame decir verdades;
la verdad de tus miradas,
la de tus apasionadas
promesas de eternidades.

Íbamos y veníamos con Gerardo Diego de la mano, nos servía para la broma y la declaración de amor y para el momento triste, y para el disparate que hacía reír a todos.
Hasta que el poeta se murió.
Fue en el año 1938: los periódicos anunciaron que Gerardo Diego había creado un bellísimo poema a la catedral de Oviedo. Lo reprodujeron todos.
Pocas veces nos volveríamos a sentir tan traicionados, porque el traidor tiene que vivir dentro del corazón y Gerardo Diego ahí vivía; en los cinco corazones.
El poema, además, de malo, era rastrero:

Aunque me veis sin diadema
y mútil mi flanco exhiesto,
no supo arrancarme un gesto
esa metralla blasfema.
Ya mi estatura es emblema.
No quiero morir, no puedo.
Soy de Oviedo.

Y Benigno, moviendo la cabeza, furioso:

—¿Y de dónde somos nosotros, cabrón, de Sebastopol?

> *Porque el general Aranda*
> *me dijo: «quieta», aquí estoy.*
> *Que si me ordenara: «Anda»*
> *le respondiera «Allá voy».*
> *Y echara a andar por la banda*
> *pasos de piedra y denuedo.*
> *Soy de Oviedo.*

Estábamos desolados, no sabíamos que la poesía también servía para estas cosas; porque la catedral también era nuestra, y Oviedo éramos nosotros, y la metralla blasfema era la de ellos.

Ángel, Manolo, yo, todos; quisimos quitarnos de la cabeza los poemas aprendidos, pero era imposible, estaban soldados a nosotros y formaban parte de nosotros.

A mí me hubiera gustado despojarme de ellos, como quien, al caminar, deja caer una capa sucia y triste que ya no sirve porque el calor aprieta. Me hubiera gustado olvidar a Gerardo y a sus cosas; pero estábamos unidos para siempre, siempre, siempre, jamás. Se había muerto el poeta para nosotros, pero la obra seguía dentro.

De cualquier forma, la antología 1915-1931 nos consolaba:

De los nuestros: Unamuno, Manuel Machado, Antonio Machado, Juan Ramón Jiménez, Moreno Villa, Salinas, Guillén, García Lorca, Alberti, Prados, Cernuda.

Con nosotros: Aleixandre.

Con ellos: Diego, Dámaso Alonso.

En el Hotel de México hablaba con Dámaso, muchos años después, le contaba esta historia del grupo de muchachos engañados.

Dámaso Alonso se me quedó mirando, como si le narrara una película extraña, de ciencia-ficción:

—Son cosas del momento —me dijo.

Y sí, eran terribles cosas del momento, siniestras cosas del momento.

Cuando Ángel estaba organizando su antología de la poesía española del 27, me comentó:

«Durante semanas pensé en incluir el poema "Soy de Oviedo", de Gerardo. Era como una venganza, ¿sabes? Pero lo dejé fuera, ya pasó mucho tiempo.»

Y no lo incluyó; sí, pasó mucho tiempo y hemos vuelto a los poemas de Gerardo y al propio Gerardo.

Lo vi en Madrid, muy delgado, con los ojos entre nieblas, intentando recordar:

«Sí, sí, tu tío tenía la colección completa de "Carmen", y en México me dijo que tú la conservabas, es cierto. Ahora ya es una pieza de museo.»

No me atreví a contarle que había tenido en sus manos a un grupo de alumnos fervorosos y que un día lo habían dado por muerto.

Hacia finales de los sesenta lo resucitamos, pero no sin esfuerzo.

Benigno y los rusos

Era el más fuerte de todos nosotros y en el único que confiábamos en los momentos en los que la dialéctica podía fallar y se hacía necesario exhibir algún músculo.

A los catorce años ya golpeaba sobre el yunque con un martillo que pesaría su medio kilo, y a los quince manejaba una fenomenal porra para batir el hierro.

La fragua tenía un piso de tierra, carbón y pedazos de metales retorcidos; el fuego estaba siempre al rojo y por las dos o tres ventanas abiertas entraba la lluvia, el viento o el sol de verano.

Benigno era el último hermano de una familia de herreros que hacían verjas, carretillos, puertas y marcos de ventanas.

Manolo, Ángel, Amaro y yo nos pasábamos todas las horas libres en las cercanías del taller, y allí hicimos las primeras amistades femeninas.

Junto a la fragua di el primer beso de mi vida y recibí otro en un carrillo que me dejó desconcertado y balbuciente para todo el día.

Un brevísimo lugar, pelado y sin una briza de hierba, al que llamábamos, asombroso, el «pradín», era el lugar de reuniones con las muchachitas del vecindario, y hasta con los propios vecinos de nuestra edad.

Benigno trabajaba duramente y luego se sometía a un largo y laborioso lavado de manos y cara; cuando terminaba, el tizne y su aire de aprendiz de herrero había desaparecido para dejar paso al enamorado de la literatura rusa.

Su hermano mayor, Pedro, se burlaba de él y de nosotros:

—En vez de tanto libro, mejor estarían tocando la nalga a alguna chavala. Ya tienen edad.

Pero lo decía un poco para fastidiarnos y otro poco para llevarnos por un buen camino, ya que pensaba, supongo, que con tanta literatura íbamos a terminar los cinco maricones.

Benigno ignoraba estas críticas y contemplaba a su hermano con un insultante aire de superioridad.

Mientras los Taibo pasaban por momentos muy difíciles para poder comer todos los días, al igual que los Lombardero y hasta los González, los Canal se conseguían defender con cierta facilidad. Benigno comía bien y aun invitaba a sus amigos, que aceptaban los bocadillos de anchoas con un agradecimiento infinito.

Las anchoas estaban metidas en enormes latas y colocadas tan cuidadosamente que con un palillo podían ser sacadas una por una sin estropear a las vecinas.

Otra invitación que se aceptaba con entusiasmo era la de sardinas de barril, ejemplares azulados y gloriosos a los que se les podía comer todo, menos la cola y la espina.

Benigno, sin embargo, hubiera querido invitarnos caviar.

Lo suyo era lo ruso, y en ese territorio todos le teníamos un poco de miedo; como leía en cualquier momento de descanso, sus libros siempre estaban manchados de carbón y herrumbre.

Con las huellas de la herrería en la portada conocí a Leónidas Andreiev.

Pero los rusos no estaban solos en la cabeza de Benigno; se mezclaban con otros muchos héroes y muchas más noticias.

—Si te quieren romper el alma, toca el olifante.

Gritaba Benigno, el protector de sus amigos menos fuertes, menos dados a la dialéctica de los puños, que por entonces los flechas y los pelayos estaban practicando en todas las esquinas contra los vencidos enemigos.

Yo tocaba el olifante y llegaba Benigno preguntando, con los ojos en fuego y las enormes cejas fruncidas:

—¿Qué pasa?

Y no solía pasar nada.

Yo siempre tuve miedo a las peleas, miedo al encontronazo físico; yo procuraba resolver mis conflictos juveniles con la argumentación, el análisis o, en caso extremo, el engaño manifiesto.

Pero si la cosa se ponía muy jodida, entonces yo tocaba el olifante de Roldán y Carlomagno aparecía a mi lado, demostrando a las claras que ya no se trataba de romper la nariz a un muchachito delgado, sino de pelear también con un tipo al que la barba ya se le señalaba y que en las manos tenía claras huellas de algún oficio rudo.

Por lo pronto, en Foncalada el grupo de amigos tenía asegurada su absoluta capacidad de maniobra, traslado y ejercicio.

A Benigno le gustaban las palabras sonoras, que llevaban la música por dentro, que traían confusas imágenes de lugares lejanos y heroicos. Olifante, balalaika, samovar.

Le encantaba también mostrar sus conocimientos del alma eslava; se sentía eslavo; era eslavo.

Un día se murió en sus manos Sachka Yegulev, y Benigno quedó tocado para mucho tiempo, con ganas de vengarlo y vengarse de todo y volver a quemar las inmensas posesiones de los ricos rusos y de los que no fueran rusos.

Se le murió en las manos, teñido del carbón de la herrería, con las páginas torcidas de tanto leerlas y releerlas. El bosque se alzaba sereno y majestuoso, como un templo. Los árboles suben hacia el cielo como severas columnas, y entre ellos las ramas deshojadas tejen ricas cortinas de encaje transparente. Yegulev tenía el rostro deformado, los dientes rotos y una mejilla desgarrada. Los dientes de Yegulev se veían a través de la mejilla, que por su desgarramiento parecía sonreír.

Benigno cargaba con Sachka para todas partes; llevaba el cadáver consigo los domingos en la tarde, cuando íbamos a tomar un café con leche y medio terrón de azúcar. Sachka pesaba sobre Benigno y su peso lo compartíamos, en alguna medida, todos nosotros.

Teníamos alrededor de diecisiete años, y todos nuestros héroes quemaban bosques, vengaban esclavos, establecían su libertad en una isla desierta, tomaban ron en la sentina de un buque o se lanzaban al monte.

La muerte de Yegulev terminó por filtrarse también en mí y tomé su cadáver de las manos de Benigno para cargarlo por las calles oscuras, estrechas, del Oviedo viejo y sonoro. Caminábamos los cinco acogiéndonos a las manchas de luz de los faroles, para leer en voz alta algún pasaje y discutirlo.

De cuando en cuando, Sachka nos soltaba de la mano:

—Por aquí vive la hija del cartero.

—Un poco más abajo.

Ángel estaba enamorado de la hija de un cartero que era bellísima, y que se murió, ya casada, de forma trágica, me dijeron.

La hija del cartero no hacía demasiado caso a Ángel, posiblemente porque no resultaba razonable para ella que le fuera a hacer la corte apoyado por otros cuatro amigos.

Benigno estaba enamorado de Adelina, y había añadido fijador del pelo a su atuendo dominical.

—Un poco vampiresa.

Era una opinión de Amaro, que era acogida con desprecio por Benigno, ya que Amaro era el que menos importancia daba a Yegulev. Y es que cada quien defendía a su descubrimiento, se hacía propietario de un autor y lo quería imponer al grupo sobre los otros preferidos.

Hablábamos de autores como otros de futbol.

—Tu tal Yegulev y tu Leónicas Andrif…

—¡Andreiev, Andreiev!

—Como sea; no vale un pimiento comparado con Nicolás Gogol.

—¡Yo también leí *Taras Bulba*!

—Entonces no comprendo cómo puedes comparar.

Pero se podía, se podía todo.

—Además, Sachka era un poco idiota; los «hermanos del bosque» no tenían organización ni nada. Lo mataron por tonto.

Esto ya era irresistible; Benigno miraba al contrincante indignado.

Manolo se metía las manos en el bolsillo, ensayaba su sonrisa draculiana y se quedaba feliz por haber empujado a Benigno hasta la desesperación literaria.

—¡Benigno Kanalosky!

—¡Manolo mierda!

El alma eslava perdía un poco de su serenidad y fatalismo y ya andaba queriendo meterle una hostia a Manolo.

Benigno llevaba su furia hasta descargarla con quienes no habían entrado en el combate.

—¡Devuélveme el libro!

Lo tenía en las manos Amaro, que lo entregaba ofendido:

—No es libro; ¡es roña! Mira cómo lo tienes.

Nos encontramos en la calle con Carlos Bousoño, que ya estudiaba para abogado, creo.

—¿Qué hacen?

—De todo.

Carlos nos miraba con evidente simpatía; seguía siendo delgado, pajaresco y cordial.

Cuando lo dejamos, Ángel dijo:

—Parece un protagonista de novela rusa.

Benigno, que siempre había mirado a Carlitos con un cierto rencor porque le parecía un señorito, ahora lo contemplaba de otra forma.

—¿Tú crees?

—Imagínalo con una pelliza de piel de carnero y un gorro de astrakán.

Y, de pronto, todos estallábamos en carcajadas, menos Benigno, que, llevado por su alma eslava, había abandonado el sentido del humor.

Había otros dos hermanos a los que veíamos también por los alrededores de nuestra calle. Eran los Cepedas; su padre había trabajado con mi padre y mi tío en el periódico socialista *Avance*, pero uno de los hijos exhibía ahora con orgullo una camisa azul. Era el mayor; el pequeño siempre nos cayó bien.

El mayor era jefe de centuria o algo así; se uniformaba con todo cuidado y aparecía refulgente con botas negras y cinturón con hebilla plateada. Le teníamos un poco de miedo a ese Cepeda, que parecía la encarnación de la victoria engreída.

El pequeño era otra cosa; tan otra cosa que terminamos haciéndonos buenos amigos, más tarde.

Algunas veces, al ver al Cepeda grande caminar con la barbilla en alto y las botas negras, deseamos que un día se encontrara con Taras Bulba y sus cosacos.

En nuestro cerrado grupo entraban pocos amigos, y los que entraban salían muy pronto; algo debíamos tener de mafia, de clan hermético, de sociedad secreta. Por otra parte, un sistema de celos y represiones empujaba fuera del círculo a los recién llegados. Resistíamos bastante bien las tentaciones:

—Si te apuntas a una centuria de flechas te regalan zapatos, pantalones y camisa azul.

—Si fueras pelayo, mañana saldrías de excursión a la playa.

Los veíamos marcharse en camiones hacia una playa que debía ser grande y húmeda, y nos quedábamos cagándonos en sus madres. Era la única venganza.

Y no nos apuntábamos. Una vez, eso sí, nos apuntaron en la escuela sin decir agua va, pero la ausencia nos fue desapuntando.

Me contaron que un borracho entró en las oficinas de Falange, poco después de roto el cerco, y preguntó:

—¿Es aquí en donde apuntan para ser fascista?

—Sí, aquí es.

—Pues apúnteme con la goma de borrar.

Supongo que la borrachera se le quitó a fuerza de golpes.

No nos apuntábamos y seguíamos siendo una mancha de colores ajados en un mundo de boinas rojas y correajes brillantes.

No nos apuntábamos y nos quedábamos sin ir a la playa.

—Yo creo —me dice Amaro— que es que se olvidaron de nosotros. Porque si hubieran querido hasta nos apuntan a un coro de voces blancas o una congregación de hijos de María. Nos olvidaron; eso pasó.

Es posible que cayéramos en el olvido o que no fuéramos tan visibles como nosotros pensábamos.

Pasábamos por la calle Asturias, y uno preguntó a otro:

—¿Qué estás leyendo?

—Un autor ruso.

Y un hombre alto, bien vestido, que caminaba tras de nosotros, dijo:

—Hablen despacio.

Hace unos meses, en un chigre de Oviedo, tomábamos vino José Luis Balbín, Juan Benito y Luis Alberto Cepeda.

Luis Alberto me dijo:

—Tú y yo tenemos como la misma edad: sobre los cincuenta.

—Yo más.

—Sí, eso.

Nos mirábamos con esa ternura que da el haber vivido las mismas cosas y estar bebiendo el mismo vino.

Cepeda dijo:

—Ahora es fácil a nuestros hijos vernos como si fuéramos unos vendidos.

—Sí, es fácil.

—Pero habría que contar lo que era aquello a los jóvenes. No había salida.

—Sí, lo sé.

Tomábamos la copa de vino apoyados en el mostrador. Balbín quería que fuéramos todos a comer fabada a La Campana.

Cepeda:

—Yo no puedo, estoy jodido.

Después me miró y dijo:

—Habría que contar todas aquellas cosas a nuestros hijos.

Le dije que sí, volví a México y me puse a contarlo.

—Vosotros erais un grupo, yo os recuerdo. Había uno un poco mayor.

—Benigno Canal.

—Sí, sí. ¿Qué fue de él?

—Vive en Venezuela.

Y Cepeda, entrecerrando los ojos, se terminó el vino, se ajustó el pantalón y dijo:

—Parece imposible: ¡cuánta gente se fue de Oviedo!

Bebíamos en silencio, rodeados de las sombras de fantasmas ausentes.

Por algo será que yo ahora encuentro a Oviedo como abandonado y solo, a pesar de las gentes.

Las ausencias han dejado tan enorme hueco que los recuerdos levantan ecos aún en las calles pobladas.

El mapa del mundo está cubierto de señales que señalan ausencias de los que se fueron escapando, sin ánimo para seguir viviendo en el lugar de Oviedo.

Asturianos lanzados a boleo sobre el mundo, que guardan en la sala de una casa en Boston o en Camberra una fotografía a colores en la que se ve una catedral que se hunde en el cielo y unas figuras que se han muerto hace meses y aun años.

Los cosacos de Benigno aguardaban escondidos entre las casas en ruinas, allá en el Escamplero, donde la gran batalla, a que sonara la hora del ataque.

Nosotros le decíamos:

—Mira, Benigno, no es que seas pesimista; es que tienes el alma eslava.

Y Benigno, aparentando una gran furia:

—Como sigáis gastándome bromas así, os pego una patada en...

Y es que hasta el alma eslava tiene sus límites, coño.

La detención

El día 9 de noviembre de 1939 detuvieron en casa a Papá.

Yo tenía quince años y cuatro meses; era ya un verdadero especialista en barrer librerías.

Llegaron a la librería, justamente, dos hombres.

—¿Está aquí Paco Ignacio González?

—No, salió a entregar unos paquetes.

—¿En dónde vive?

—En el Postigo Bajo.

Los dos hombres se fueron. Cuando llegué con el carretillo me estaba esperando Manolo, muy asustado.

—Vino a buscarte la policía; se fueron para tu casa.

Fue la carrera más larga de mi vida, la más terrible y desesperanzada; corrí llorando, con una mano apretándome el costado, que me dolía y me impedía respirar. Atravesé llorando todo Oviedo y pasé frente a la catedral con la boca abierta, un latido en las sienes, las uñas clavadas en la palma de la mano.

Recuerdo el recorrido y el grito mudo, lo recuerdo todo muy bien, porque lo seguí soñando muchas veces.

Al llegar a casa la policía ya se había ido, llevándose a mi padre; todo era un gesto desesperado. Mi hermana Ana Mary se cogía a la falda de mamá y gemía.

Pero me enteré de algo asombroso.

En un susurro:

—Tío sigue escondido debajo de la cama.

Era cierto; al llegar la policía mi padre salió de su escondite, detrás de la montaña de ropa vieja, y se entregó con las manos en alto.

A los policías no se les ocurrió registrar la habitación. Encontraron lo que venían buscando y no podían pensar que había otro hombre escondido en aquella pequeña casa.

Así que Tío se quedó inmóvil, aguantando la respiración hasta que se fueron.

Al día siguiente llamaron a mi madre a la comisarla, y se enteró de que a quien buscaban era a Ignacio Lavilla, y no a Benito Taibo. Habían encontrado otra pieza diferente y estaban felices.

—Pero ya sabemos que Lavilla sigue en Oviedo.

Efectivamente, alguien lo había denunciado.

Ese mismo día, Tío se presentó a la policía.

Era inútil seguir huyendo. Había estado escondido desde abril de 1936; cuarenta y tres meses en total.

Escondido en una cisterna de agua vacía, en un armario, en un sótano, debajo de una cama, detrás de un tenderete de ropa.

Ignacio Lavilla fue internado en un campo de concentración, en Avilés: La Vidriera.

De pronto nos quedábamos sin los hombres de la casa, sin el misterio compartido, sin la posibilidad de comentar, en susurros, lo ocurrido durante el día.

Fue un hueco desolador.

Manolo y los maestros

✝ Don Ramón María del Valle Inclán dijo que en el honrado cuerpo de carabineros no hay cabrones; yo diré que en el honrado cuerpo del magisterio hubo muy pocos.

Por lo menos en el magisterio asturiano, que estaba empapado de socialistas, y por eso no dio cabrones, sino muertos.

Se morían los maestros delante del paredón llevándose con ellos los mejores textos, los mejores autores, los mejores poetas.

Se quedaban vivos los pocos de derechas y esa otra masa de personas apacibles, conservadoras y aniñadas que habían dedicado toda su vida a la enseñanza.

Cada año, antes, creo, de iniciarse el curso, los maestros caían en Oviedo en grandes rebaños entusiastas para cobrar las cantidades que se les entregaba para materiales didácticos.

Las librerías los recibían ofreciendo libros, pizarrines, lápices y plumas para letra redondilla, libretas escolares, papel de colores, frascos de tinta azul de medio litro o de litro entero. Las librerías atraían a los maestros y maestras con sonrisas, descuentos especiales y sorpresas inauditas:

—Hay un nuevo libro sobre educación rural.

—¡No!

—Sí; además, está escrito por un español.

—Ah, bueno.

Los maestros llegaban a la Librería Cervantes en grupos que se contaban sus cosas, los problemas del presupuesto, los líos con los inspectores, el hecho de que en la escuela entrara el agua los días de lluvia.

Algunas veces se recordaba al maestro muerto a tiros, allá en el pueblo.

—Las gentes aún hablan de él.

—Es que era buena persona.

—A pesar de las ideas.

Los maestros conservadores se referían siempre a las ideas, como un algo capaz de llevar por el mal camino al mejor educador. Las maestras de escuelas mixtas contaban, en voz baja, sus terribles experiencias al tener que educar a niños y niñas al mismo tiempo.

—Algo muy delicado.

—Sí, doña Marcelina, muy delicado.

Algunos tenían ideas, pero lo disimulaban. Esos pedían a Manolo algún libro que estaba en entredicho. Manolo lo encontraba; lo envolvía y lo entregaba con todo disimulo.

Eran muy curiosas las largas listas de las maestras que llegaban con su dinero recién cobrado a comprar los materiales. Listas que habían redactado cuidadosamente, tachando cosas, añadiendo otras, cuidando cada céntimo.

Algunas maestras viejas, que gozaban a la hora de cantar el himno con los alumnos, traían listas pequeñas en las que lo único que abundaba era el catecismo del padre Astete.

—Decidme, niño, ¿cómo os llamáis?

—Pedro, Juan, Jacinto, Andrés...

Llegaba el inspector una mañana, cansado del viaje, aburrido de tanto niño.

—Pero, señora maestra, los niños no deben decir todos esos nombres en fila, sino cada cual el suyo.

—Señor inspector, en esta escuela se respeta al padre Astete y se le declama punto por punto.

Y los niños seguían respondiendo en un coro desilusionado y cantarín:

—Pedro, Juan, Jacinto, Andrés...

En el año 1939, el verdadero dominador del maestro que buscara su material anual era Manolo.

Se movía de una parte a la otra, cambiaba de mostrador para tranquilizar a una maestra con prisa, atendía a tres personas al mismo tiempo y hacía los más bellos paquetes del mundo. Era genial para el empaquetado el Manolo.

Era imposible competir con él; sólo la maestra de los grandes pechos cremosos me prefería a mí.

Alfredo Quirós, vestido con un guardapolvo y con las manos en los bolsillos, recorría sus dominios vigilando que todo fuera bien y charlando con los viejos amigos.

Algún maestro pedía, en voz baja:

—¿Tiene todavía *Flor de leyendas*, de Alejandro Casona?

Y se apresuraba a aclarar:

—Es para mí; estoy haciendo un trabajito...

Sacábamos *Flor de leyendas* de una última estantería, en la parte de atrás, y la entregábamos, porque era de confianza.

Alejandro Casona había sido el gran orgullo del magisterio asturiano, que lo había visto subir desde maestro hasta premio nacional de literatura. Pero tenía sus ideas...

Todavía en esos tiempos terribles había maestros jóvenes que soñaban con ser un día el nuevo Alejandro Casona, pero el sueño no se andaba proclamando. No estaba la cosa para tener ideas.

La maestra de los grandes pechos se volcaba sobre mí con un entusiasmo que me traía un poco preocupado. Manolo me estaba mirando desde el otro mostrador.

—Un día te da de mamar.

Así era de burro.

Después volvía a lo suyo, que era vender cosas que los maestros y maestras jamás habían pensado en comprar.

—Mire usted, señor Cifuentes; por cierto, ¿consiguió usted que le pongan el techo nuevo a la escuela?; mire usted, en vez de tres litros de tinta Pelikán, llévese cincuenta paquetes de polvos de tinta; por el mismo precio tiene para escribir el Quijote.

El señor Cifuentes se ponía feliz ante la idea de escribir el nuevo Quijote en Cabañaquinta, y compraba los cincuenta paquetes.

Yo jamás conseguía vender globos terráqueos; Manolo los vendía todos.

—¿No tiene usted parientes en Venezuela?

—Sí, Manolín.

—Aquí está Venezuela.

Y hacía girar al mundo hasta que la maestra encontraba a sus parientes y se llevaba el voluminoso mapamundi, en cartón especialmente modelado, con pie de madera y sostenedor de latón pulido.

Yo lo admiraba cuando empaquetaba el globo terráqueo, porque ésta sí era una labor de especialista, para gente con dedos hábiles y gran sentido estético.

A mí los globos terráqueos que intenté envolver me quedaron asquerosos.

Se rumoreaba que Alfredo Quirós era medio de izquierdas; pero no había que repetirlo. Todo el mundo pensaba que no tenía ideas. Pero sí.

Algunas veces atrapábamos a Quirós hablando en voz baja con otros maestros que estaban en entredicho o definitivamente separados del cuerpo, pero que continuaban visitando la librería, porque los maestros tienen un profundo sentido de la nostalgia y de la dedicación.

A mí me conmovían esos maestros castigados, que habían dado vuelta por tercera vez a la chaqueta y, sin embargo, caminaban con una dignidad como si los vistieran en San Sebastián.

La maestra de los pechos estupendos, la verdad es que cada día me interesaban más, iba algunas veces a ver y no a comprar.

Tenía la escuela muy cerca.

—Buenos días, Paco Ignacio.

—Buenos días.

Y se apoyaba en el mostrador y pedía que le enseñara un libro de misa para primera comunión con las pastas blancas y charoladas, porque una sobrina suya iba a comulgar y estaba mirando modelos.

Un día desapareció y yo no me di cuenta hasta que Manolo me lo dijo:

—Bueno, te perdiste la oportunidad de que una maestra te enseñara algo.

Y nos reíamos los dos, yo un poco avergonzado, porque, efectivamente, aquellos dos pechos tan grandes eran como meterles mano y amasar.

Manolo nació en Teverga, un pueblo que tiene fama de dar hombres con las orejas largas; la fama debe ser cierta porque las orejas de Manolo son enormes. Sin embarго, no funcionan bien; ya desde niño oía mal por uno de los oídos.

Parece que le falta algo dentro y por eso, si le entraba agua por la oreja, el agua le llegaba hasta los intestinos, o poco menos.

Esa oreja larga y sorda siempre nos inquietó mucho a todos los amigos.

—Es con la que escucha a los maestros.

Y nos reíamos, y Manolo draculeaba un poco con sus colmillos picuditos.

La madre de Manolo siempre fue igual; es asombroso pero siempre fue igual. No consigo recordarla sino como está ahora: muy menuda, de rostro pálido, con el pelo canoso recogido atrás con un moño pequeño, vestida de negro, mirándonos con una gran curiosidad. Tuvo, que yo sepa, una hija y tres hijos. Uno se murió joven, era el mayor; vestía bien, había estudiado para practicante, parecía un personaje de figurín. Manolo dice que era una buena persona; yo lo recuerdo como algo estirado.

Cuando terminábamos de barrer la Librería Cervantes, salíamos dando las buenas noches, cada uno con un libro bajo el brazo.

Quirós ni nos preguntaba lo que llevábamos. Nosotros, por educación, mostrábamos el libro a la mañana siguiente:

—Don Alfredo, el libro.

—Sí, sí, muy bien.

Algunos maestros se escandalizaban:

—¡Caramba, Quirós, qué cosas leen esos carajillos!

Yo escuché cómo Alfredo aclaraba un día:

—No es para ellos; es para un abuelo que tienen en casa.

—Ah, así la cosa cambia.

Una vez, Manolo me pasó a uno de sus clientes más preciados.

—Señor Robles, hoy le despachará Paco Ignacio.

Después me enteré de que ese mismo día le habían dicho a Manolo que el señor Robles era marica.

Benigno se tiraba al suelo de risa:

—Qué bueno que tienes el mostrador por el medio.

Los maestros se marchaban cargando sus paquetes y se subían al Alsa o entraban en un vagón de tercera en la Estación del Norte; la ciudad quedaba como sorda durante unos días y aprovechábamos para arreglar la librería y colocar los ejemplares en su sitio. Eran como una gran manada que nos invadía y luego nos dejaba abandonados tras de los mostradores, contemplándonos unos a los otros, mirando el reloj y queriendo irnos para casa.

Todos los maestros tenían un enemigo común: los inspectores.

Sólo se era inspector cuando se tenía certificado de afecto al régimen y un currículum de derechas.

El inspector cuidaba de que los niños estuvieran bien educados; al entrar en clase se rezaba y luego se cantaba a la bandera; después se estudiaba religión e historia patria. Las niñas bordaban, los niños hacían ejercicios escritos.

Tema: la gesta del Alcázar de Toledo.

Los inspectores siempre me caían mal y, además, compraban menos.

Un día llegó a la librería, pedido por un médico, un libro que traía más de veinte láminas a todo color con penes de todas las razas.

«Pene eurasiático.»

«Pene de Zulú.»

«Pene de indígena de Nueva Guinea.»

Manolo insistía en que los grabados eran de tamaño natural.

—No jodas.

—En serio.

Nos quedamos preocupados, y Manolo quería que se lo preguntáramos al médico.

—Sí, cómo no. Pregunta tú.

El tampoco se atrevió, y aquel pene de indígena de Nueva Guinea me estuvo fastidiando durante meses; era demasiado para ser verdad.

Estábamos orinando todos al mismo tiempo, como era de reglamento, en el atardecer, sobre un castaño del parque de San Francisco, cuando Manolo dijo, mirando a Ángel:

—Tú en Nueva Guinea, nada.

Y yo me oriné los zapatos de risa.

Álbum de familia

Yo me llamo Paco Ignacio Taibo Lavilla.

Nací en Gijón, en la calle Celestino Junquera, el día 19 de junio del año 1924. Mi abuelo, Crisanto Taibo, fue dueño de una mina que terminó quebrando, propietario de un restaurante en La Habana, cocinero en barcos de carga y conserje del Club de Regatas de Gijón; eso era cuando murió.

Mi abuela paterna fue cigarrera de la Fábrica de Tabacos de Gijón, y recordaba con nostalgia, en los años próximos a su muerte, cuando ejercía de lectora de los más bellos folletines de la época para sus compañeras, en la fábrica. Por entonces era una costumbre que una de las operarias leyera en voz alta a las otras, que fabricaban puros, tagarninas y cajetillas de tabaco negro.

Mi abuelo materno fue capitán de barco; naufragó en el Mediterráneo y estuvo, junto con su primer maquinista, nadando durante veinticuatro horas, hasta que una lancha los encontró. Cuando lo llevaron a un hospital, en Barcelona, una pulmonía lo estaba matando. Murió en Gijón, pocos días después de haber sido rescatado.

Mi abuela materna, una Nava, nos contaba, de niños, que su familia tenía el privilegio de llevar el farol de plata en la procesión anual del Corpus, en Gijón.

Mi abuela materna era muy pequeña; yo la recuerdo casi diminuta. Había quedado viuda muy pronto y, de sus nueve hijos, siete murieron de difteria o de otras enfermedades infantiles. Se salvaron Elisa Lavilla Nava, mi madre, e Ignacio Lavilla, mi tío.

Mi abuela materna me enseñó mi primera canción:

> Qué querías, Carlos Chapa,
> qué querías, mandilón,
> que querías venir a España
> a implantar la Inquisición.
> ¡Qué tiroteo!
> ¡Chis, pum!
> ¡Qué cañonazos!
> ¡Chis, pum!
> Que mueran los chapas,
> ¡Chis, pum!,
> a trabucazos.
> Si los carlistas
> quieren ganar
> que salgan al campo,
> a pelear, a pelear, a pelear.

En el año 1835, los carlistas salieron al campo y tomaron la ciudad de Gijón; los liberales se defendieron a tiros desde los balcones.

Mi abuela me contaba que su madre tiró sobre los carlistas, desde un primer piso, una bañera de estaño. Jamás supe si algún carlista recibió el bañerazo, pero la canción se quedó para siempre en la familia y llegó hasta mí.

No recuerdo con claridad a mi abuela; evoco su imagen a partir de una fotografía, sonriendo, con la boca hundida, y si me esfuerzo recreo una sombra dulce y lejana. Se murió durante el asedio de Oviedo, en el año 1936, y no sabemos en dónde fue enterrada. Unos hombres la sacaron de casa en una rústica caja de madera y la llevaron en una camioneta, con otros cadáveres. Aquel día la ciudad ardía entre cañonazos.

Yo canto la canción durante la Nochebuena, cuando la familia entera se reúne en mi casa. Mis hijos me contemplan divertidos, un poco admirados, un poco orgullosos y un poco condescendientes.

Qué querías,
Carlos Chapa,
qué querías, mandilón.

✝ Los Taibo somos muy pocos y muy repartidos.

Esto es algo que, sin sentido aparente, me hace sentirme orgulloso; como si la escasez nos confiriera una aristocracia especial. Visitando en Barcelona a Manolo, en sus oficinas de Crédito Internacional del Libro, le dije:

—Los Taibo somos pocos y buenos.

Lo último era, sin duda, una apreciación parcial.

El no me respondió nada, pero me llevó hasta el archivo de clientes y pidió que le sacaran la lista de clientes morosos.

Resultó que aparecieron tres Taibos y que uno de ellos vivía en Cádiz y era oficial de Marina.

Después del primer impacto me reí mucho.

Desde entonces consulto las listas de teléfonos de todas las ciudades que visito. Podría decir que no hay Taibos en Nueva York, ni en Londres, ni en París.

Los hay en Cuba, en Houston, en Buenos Aires, en Puerto Rico, en Uruguay; está mi primo Arturo en Gijón.

Algunos son políticos, hay una actriz, un portero de futbol.

En Santiago de Chile vive un Taibo que parece acoger en su sorprendente personalidad una gran parte de ese aire divertido que a muchos nos mueve por dentro. El Taibo chileno es un médico que afirmó, en marzo de 1979, que la mejor forma de no sufrir catarros era mantener una gran actividad sexual.

El doctor Eduardo Taibo, sin embargo, fue refutado por un colega que sostuvo la tesis complementaria de que la teoría era válida siempre que se hiciera el amor sin quitarse los calcetines.

De cualquier forma, somos muy pocos Taibos en el mundo tan grande que habitamos.

Por todo esto supongo que o los Taibos no están enterados de la fórmula de don Eduardo, o hacen el amor manteniendo un riguroso sistema preventivo contra la natalidad, o no le tienen miedo al catarro.

Somos muy pocos y muy repartidos. Acaso, como yo digo en momentos de lucidez o de entusiasmo, seamos también muy buenos.

El poeta asturiano Celso Amieva me contó, por carta y desde Moscú, que había encontrado en aquella ciudad, y en una librería de viejo, un libro mío. Aparte de la sorpresa de que uno de mis textos viaje hasta tan lejos, lo que más me asombró es que, por lo que me cuenta, el libro había sido comprado por otro Taibo, el cual, me imagino que después de leerlo, lo vendió o perdió.

A ese Taibo desconocido y moscovita, lo saludo.

Y me encanta pensar que es uno más de esta distendida familia que va engendrando poco y caminando mucho.

Galopadores incansables, llevamos la estirpe de un lado a otro y tan pronto somos rusos como de Cangas de Onís.

Yo suponía, hace tiempo, que todos los Taibos habíamos iniciado el largo viaje partiendo de Galicia. Pensaba que el apellido había nacido entre paragüeros o albañiles.

Gran error. El año pasado, mi hijo Paco Ignacio me vino con una noticia asombrosa:

—Papá, los Taibo somos checoslovacos. Llegamos a Galicia para fundar una fábrica de vidrios y de allí nos fuimos repartiendo por el mundo.

Así que la Taibo actriz en la Argentina, el Taibo futbolista en Uruguay, los Taibo de Cuba, el doctor que hace el amor contra el catarro, el Taibo que cargó hasta Moscú con mi libro y ese Taibo que soy capaz de suponer se aventura con una mochila y tres perros a lo largo del Polo Sur; todos ellos, y yo también, comenzamos soplando vidrio en Checoslovaquia, con lo que se demuestra que toda la prestigiada teoría sobre las nacionalidades parte de muy frágiles comienzos.

La cárcel Modelo

Papá estaba en la tercera galería, pero aprovechando que lo habían nombrado entrenador de fútbol de la cárcel y tenía un pase para circular, se iba a la una de la tarde a la quinta galería, desde la que veía a mi hermana Ana Mary, muy niña, acercarse cargando la cesta con la comida.

Ana Mary iba todos los días a la cárcel Modelo a llevarle de comer a Papá; con frío, con lluvia, con un alegre sol, caminaba mi hermana, pequeña, de coletas rubias, cambiando la cesta de mano a cada cuatro pasos.

Mi padre, desde el otro lado de las rejas, la veía llegar.

El día de Nochebuena de 1939 llovía mucho y Papá vio cómo Ana Mary se caía en un charco con la cesta; vio también cómo volvía a acomodar las cosas y se limpiaba las rodillas con un paññuelo, sosteniendo sobre sí el enorme paraguas negro.

En la cárcel, por la mañana, todos los días se cantaba el «Cara al Sol», dirigido el coro por un cura.

Cuando los presos lo cantaban de forma desganada, los hacían volver a repetirlo.

Una vez lo cantaron ocho veces.

Castidad ovetense

En esto de la castidad, Oviedo tira la piedra y esconde la mano; algunas veces, los instintos intervienen y Oviedo esconde la mano en la bragueta.

Pero las autoridades y las fuerzas vivas de la ciudad insistían, y acaso lo siguen haciendo, en que la capital de Asturias es una ciudad casta, y así parecía ser, desgraciadamente para nosotros, aquel grupo de ansiosos jóvenes.

Una castidad aparente que es difícil horadar sin conocimientos previos del ambiente y de las costumbres.

Nosotros no los teníamos.

Un viejo amigo me cuenta que yendo una vez con don Félix Prieto, un personaje importante en la ciudad, camino del cementerio, pasaron ante una casa de prostitución. A la puerta estaban dos putas tomando apaciblemente el sol.

—¡Para, para!

Y el cochero de punto paró para que don Félix bajara, paternalmente, a exponer a las putas las inconveniencias de una exposición tan descarada.

—¿No les da vergüenza? ¡Ahí, al sol, ofreciendo un escándalo! ¡Métanse en casa, mujeres!

Ellas protestaron débilmente y luego recogieron las dos sillas y se guardaron del sol y de don Félix.

Al volver al coche, aún sofocado por la breve carrera y por la filípica moral, don Félix les dijo a sus acompañantes:

—La rubia estaba cojonuda.

La prostitución en Oviedo, curiosamente, había quedado instalada bastante cerca del cementerio, por el barrio de San Lázaro.

Lázaro tenía una lamentable enfermedad de la piel; esto y lo de la cercanía del cementerio eran dos nuevas y sutiles advertencias para los jóvenes que buscaban, ansiosamente, la pérdida de la alabada castidad.

Recuerdo que una vez apareció por el cerrado grupo de amigos un tipo con aire de seminarista, dientes muy blancos y visibles y gafas de pasta color café. El primer día nos preguntó:

—¿Vosotros, sois castos?

La pregunta, planteada de esta forma, resultaba entre sorprendente y ridícula. Uno de nosotros, tristemente, respondió:

—¡Qué remedio!

Cuando llegaron los moros, la castidad de Oviedo se fue a la mierda; resultaba curioso que para salvar a las fuerzas morales de Asturias, encerradas en un estrecho cerco, de las amenazas que significaba el amor libre bolchevique, llegaran los más vigorosos puteros de África.

Los moros formaban pacientes y silenciosas colas ante las casas de prostitución, como si estuvieran esperando el rancho o la paga.

Una vez, creo que con Benigno, yo vi llegar en un automóvil a tres oficiales del Tercio, bajarse y comenzar a pegar con la fusta a los moros que estaban haciendo cola; corrían desaforadamente, moviendo sus enormes pantalones, abolsados bajo las nalgas.

Cuando volvimos, una hora después, por el mismo sitio, de nuevo se había organizado la hilera de clientes tranquilos, esperanzados y silenciosos.

En los chigres de Oviedo, años después, aún se hablaba de las pichas moras.

—Son las más grandes del mundo.

Había clientes que negaban.

—Ya será menos.

La sombra de la catedral, con su única y maciza torre oscura, cubría ésta y otras desdichas y permitía a los ovetenses negarse a ver.

Ciudad casta, paseaba a sus mujeres, muchas de luto, por la Escandalera los domingos en la mañana, tomando el sol y tomando las miradas desnudadoras de los jóvenes capitalinos.

Cuando aparecieron las chicas de la Sección Femenina, la lujuria bajó algunos grados; vestidas con largas faldas, usando camisas con bolsillos que iban a situarse, exactamente, sobre los pechos, ocultándolos o convirtiéndolos en curiosas bolsas casi marsupiales, las chicas de la Sección Femenina tenían fama de ser vírgenes al igual que su jefa absoluta.

Manolo las miraba intrigado y decidía:

—Primero con un bombero.

Por otra parte aquel color azul de la vestimenta no nos resultaba atractivo; en absoluto.

Otros eran los objetivos de nuestras miradas; las muchachitas de San Claudio, Lugones, San Esteban de las Cruces, que a pesar de proceder de lugares con nombres tan respetables, movían su vestido de tela alegre y saltarina en las mañanas de primavera, dejando que la falda se untara, por un instante, con la nalga caminadora o creara, de pronto, una pequeña y fugaz sombra sobre el lugar en el que imaginábamos el pubis oloroso a jabón de cocina.

Seguíamos los cinco a estas muchachas a lo largo de su paseo por las calles céntricas y nos quedábamos inmóviles cuando ellas, en racimos apretados, rodeándose de una aureola de cuchicheos y risitas, se detenían ante una zapatería o una tienda de ultramarinos para vernos, a su vez, reflejados en el cristal del escaparate.

Oviedo, la muy noble, muy leal, benemérita, invicta, heroica y buena ciudad de Oviedo, era también, y para nuestra desgracia, la muy casta.

Terribles años aquellos en los que media ciudad, escondida en retretes, dormitorios, salas de cine y jardines oscuros, se masturbaba tristemente, mientras la otra media ciudad procuraba descubrirlos y denunciarlos.

Algunas veces alguien se saltaba a la torera los reglamentos y estallaba el escándalo:

—¡Pepita cayó en estado!

Y era como si Pepita hubiera caído a un barranco.

Desaparecía, la pobre, durante meses.

La castidad de Oviedo permitía a ciertos curas asegurar que la capital de Asturias daba más almas al cielo que cualquier otra ciudad de España, Ávila incluida.

Yo escuché esta teorización en una tertulia de severos ovetenses, canónigos y curas sin graduación, que hablaban de Ovetao y se tomaban una mezcla de vino blanco y moscatel llamada angelita.

—¿Vosotros sois castos?

—¡Joder, qué pregunta!

La ciudad se vanagloriaba de su castidad y elevaba un monumento al hombre más casto del principado. Creo que es la única estatua a la castidad en el mundo, o, por lo menos, la más significativa.

El Rey Alfonso II, «el Casto», viste una falda ridícula y cortita, muestra unas piernas de bailarina rusa, mira hacia las diablas, recibiendo con arrobo la luz teatral, mantiene una satisfacción untuosa y, para colmo, tiene puesta su mano derecha sobre el corazón con el índice delicadamente levantado.

Alfonso II «el Casto», en esta versión sobre mármol, es obra del escultor Víctor Hevia, quien no pudo hacer más por exponer la opinión que el tal rey le merece.

Pero el paso del tiempo ha colaborado con Hevia para denigrar aún más al soberano trasvestista.

La mano izquierda de Alfonso se cayó, partida y parece haberse perdido para siempre.

Al verle manco recordé que en muchos lugares de Hispanoamérica al homosexual se le dice «de la mano caída».

Atrevido gesto del escultor para con un rey caudillo.

Supongo que es a causa de su sangre real por lo que nadie se atrevió a decirle, aún:

—Recoge tu silla y métete en casa.

Paseo bajo la lluvia

El parque de San Francisco, en su parte alta, divide a los paseantes en dos grandes grupos; religiosos y seglares.

Los primeros van a parar al paseo de los curas y los segundos al paseo de Bombé.

Ángel González y Paco Ignacio Taibo contemplaban el lento desplazamiento de las pesadas sotanas sobre la tierra húmeda, recubierta de musgos y de hojas carcomidas. Y ajadas.

Los curas, si uno se acerca lo suficiente, huelen a una curiosa mezcla de tabaco, un tabaco agrio y viejo, incienso y vino tinto; caminan con cauteloso paso, evadiendo los charcos y posando los zapatos de piel gruesa y negra sobre las zonas más secas.

Los curas llevan las manos a la espalda, recogen el manteo con un breve gesto torero, levantan los ojos al cielo para adivinar la cercanía de la tormenta, cesan en su avance y cambian con el compañero una indicación sobre la reciente comida, la sidra de Pinzales, la humedad de la noche, lo claramente que hoy se está viendo el Naranco, cierto arroz con leche que una vez, hace cinco años, comí por Santa Filomena en Santullano, aquel día en que comenzó la guerra y llegaron los rojos tan cerca que todo parecía perdido, la calma subsiguiente, la placidez de un pueblo capital de provincia, lo caro que está todo, hoy confesé a tres viejas, ayer no hice de cuerpo, será por el vinagre, quién sabe qué será, pero así ha sido.

Ángel y Paco Ignacio contemplan el desfile de curas que se cruzan y saludan, hacen su reverencia, meditan un instante y siguen su camino.

Los dos muchachos estrenan el primer pantalón largo que fue de otros primero, muy grandes, ponen notas sombrías cada vez más pesadas y el monte Naranco, hace un instante tan nítido y tan verde, se oculta tras las nubes que vienen tropezando desde un sitio lejano que se llama Galicia.

Caen las primeras gotas y corren morigeradamente los curas abandonando el paseo y dejando, por muy breves instantes, sus huellas sobre la tierra oscura.

Paco Ignacio y su amigo contemplan esta huida y se van quedando solos, metidos en la lluvia.

—¿Qué podemos hacer?

—Irnos a la Argentina, a Brasil, a Noruega…

—¿Qué podemos hacer?

—También a Francia, si los alemanes no estuvieran…

—¿Qué podemos hacer?

—Marcharnos del paseo.

Cuando llegan a casa están tan mojados que Soledad los riñe.

—¡Ni que estuviérais tontos! ¡Mira qué mojadura!

Se secan la cabeza y Ángel pregunta:

—¿A dónde van los curas, después de la tormenta?

—Al cielo.

Digo, y me seco mientras afuera llueve y llueve y todo está cerrado y no hay salida.

Desfile

Tendrían quince años, nuestra edad, usaban boina roja, camisa azul y el pantalón sobre las rodillas.

Desfilaban cantando y alguno llevaba al cinto un puñal con el mango dorado, en forma de cruz.

Desfilaban con fusiles de madera tan parecidos a los auténticos que, desde lejos, no podían distinguirse unos de otros.

Avanzaban en escuadras muy nutridas, con la cabeza alta, golpeando el suelo con las botas aún nuevas.

Era el porvenir, y eran la unidad de criterio y eran la moral y las buenas costumbres y el odio al poeta de tendencias extrañas y el desprecio por el intelectual poco recio y siempre en la decadente duda.

Ocupaban la calle, con un solo gesto anunciaban un futuro de rosas y fusiles en el que cualquier discrepancia se acallaría con aceite de ricino.

Eran todo Oviedo avanzando a taconazos, según se había observado en las fotos llegadas de Berlín.

Eran los hijos de los vencedores y también quienes harían de España un imperio que encontraría, con toda seguridad, su propia Abisinia.

Y desde las aceras, otros muchachos, sin uniforme, sin sonrisa, contemplaban el desfile y eran observados y observaban.

Los jóvenes de las aceras no confiaban en todo aquel atraso, eran incrédulos ante el ademán y pensaban que para crear un imperio hace falta tener esclavos.

Pero eran los menos, en las aceras, y estaban asustados.

En la cabeza un lío

Leer de la forma en que estos muchachos leen sólo lleva a crear un fondo caótico de información del cual, en el momento necesario, no podrán sacar nada. Ese día se encontrarán con que tienen un lío en la cabeza.

El profesor dijo eso a mi madre que se quedó muy preocupada con el tipo de lío que andaríamos paseando dentro de nuestra cabeza.

El profesor era ya un hombre maduro, conservador y severo; mi madre lo conoció cuando fue a intentar meter a mi hermano y a mí en la escuela nocturna.

El profesor debía estar un poco fastidiado ante una pareja de jovencitos que hablaban de poesía ultraísta con aire de suficiencia.

Lo cierto es que nosotros estábamos felices cargando con nuestro lío; era la única aventura que se nos permitía.

Y también, en una sociedad tan llena de castigos, reprimendas y purgatorios, nuestro lío nos ofrecía las grandes juergas.

¡Entra Rubén Darío, que ya sabemos que con rocío, vino y miel, además de harina, se hacen sepulcros! Rubén nos contemplaba, elegante, apoyando su codo sobre una estatua de mármol blanco, y pedía:

—Al sepulcro no le pongan llanto.

Nosotros reíamos a carcajadas.

A don Ramón de Campoamor no le dejábamos entrar.

Mi hermano, puntualizando, señalaba el peligro:

—Sin embargo está en las cien mejores poesías.

Benigno (Inquisitivo): ¿Antólogo?

Amaro: El señor Menéndez y Pelayo.

Ángel (muy rápido): Con Menéndez Pelayo yo me hago un sayo.

Reventaban las carcajadas y cerrábamos la puerta para no escandalizar a la familia.

Manolo (declarando gloriosamente):

> Tranquila, a veces reposa
> y otras se marcha volando
> nuestra fe.
> Y esto pasa, Blanca Rosa,
> sin saber cómo ni cuándo
> ni por qué.

Ángel: ¡Yo lo sé!

Admirábamos la rarísima habilidad de Ángel para improvisar sobre los poemas ajenos, aplaudíamos los hallazgos mejores.

Yo: ¿De verdad que eso está en las cien mejores poesías?

Benigno (formal): En las cien mejores poesías del señor Menéndez están las cincuenta peores.

Amaro (con afán informador). Hay un don Ramón asturiano y un don Ramón Gallego.

Ángel: Galicia uno, Asturias cero.

Amaro: Hay que aceptar la derrota. Don Ramón de Campoamor era asturiano.

Benigno: Asturiano del ano.

MANOLO: A buen ano no hay pan duro.

ÁNGEL: En ano flaco toda la pulga es gorda.

MANOLO: Don Ramón, don Ramón, qué mal me hiciste, ha muchos años que estoy enfermo y es por el ano en que me metiste.

Estábamos en Madrid viendo a Tip y Coll con Alfonso Ortuño y José Luis Balbín, cuando yo le dije a Manolo:

—Ese tipo de cosas, ese jugar con las ideas retorciéndolas, lo hicimos de muchachos de Oviedo.

Manolo estaba distraído, riéndose: ¿Tú crees?

—Lo recuerdo perfectamente.

—¡Pero no lo haríamos tan bien, tan divertido!

—Eso puede que no, pero lo hacíamos.

Después le dije a Manolo. Era el juego empleando la poesía como balón de reglamento.

Pero Manolo, que se reía a carcajadas, ya no sabía de qué le hablaba yo.

Le entrábamos a las adivinanzas.

AMARO: He descubierto en la simetría la raíz de mucha iniquidad.

YO: ¡Moreno Villa!

BENIGNO: No, Guillén.

Buscábamos el libro, yo había acertado.

Benigno protestaba. Es que Amaro y Paco Ignacio se saben las mismas cosas, por algo son hermanos.

Habíamos descubierto una poesía para tocar con tambor.

MANOLO: Escribirme una carta, señor cura.

TODOS: Ya sé para quién es.

TODOS: Pom.

MANOLO: ¿Sabéis quién es, porque una noche oscura nos visteis juntos?

Todos: Porrompompom.

Manolo: Pues.

Todos: Pom.

Habíamos descubierto el diálogo histórico:

Manolo: Mujer, ¿qué quieres?

Paco Ignacio: Quiero justicia, señor.

Manolo: ¿De qué?

Paco Ignacio: De una prenda hurtada.

Manolo: ¿Qué prenda?

Paco Ignacio: Mi corazón.

Manolo: ¿Tú la diste?

Paco Ignacio: La presté.

Manolo: ¿Y no te la han vuelto?

Paco Ignacio: No

Manolo: ¿Tienes testigos?

Paco Ignacio: Ninguno.

Manolo: ¿Y promesas?

Paco Ignacio: Sí, por Dios.

Ángel: Si te dan la promesa, tómala boba, que la reina de España también la toma.

Amaro (con el libro en las manos): Aquí, entre las 100 mejores, hay sólo dos de Garcilaso.

Manolo: Si Garcilaso volviera.

Yo sería su escudero;

Todos en coro ferviente: ¡Qué buen caballero era!

Amaro: Si este Menéndez volviera

Yo sería su pedorrero.

Benigno: Qué mierda de tipo era.

Ángel: Qué salero,
cógele torillo fiero.

En la librería Cervantes habíamos encontrado un tomo de poesía colmado de nombres nuevos. Estábamos ensayando la poesía coral a la luz de faroles desvaídos.

MANOLO: Negro, da la mano al blanco.

BENIGNO: Blanco, da la mano al negro.

TODOS: Y al yanqui que viene y va,
negro y blanco, dale ya.

MANOLO: Urracas azucareras,
urracas que urraqueando
hasta nos están llevando
el aire de las palmeras.

Y salíamos de la habitación para que Rubén nos mostrara palmeras y cocos y un mar tibio, tibio y callado de Veracruz.

Lo pasábamos muy bien con el lío en la cabeza. Nos divertíamos con Rubén, tan lleno de imágenes que nos envolvían y nos dejaban sin resuello.

AMARO: La mitad de las palabras de Rubén no las entiendo.

YO: Es que no son para crucigrama.

Un día Amaro, a quien siempre tentó el realismo socialista, trajo una fotografía siniestra:

—Asústense: ¡así era Rubén Darío!

Nos quedábamos helados; no era posible. No era posible que hubiera sido tan feo.

Procuramos olvidar al nuevo Rubén por el viejo, por el que nos traía de un ala.

—¡Que sobre tu sepulcro no se derrame el llanto, sino, rocío, vino, miel!

—Azúcar, harina blanca y una pizca de levadura, para que suba.

De cuando en cuando, sin embargo, nos poníamos tristes, apagados y Manolo, olvidando que quería ser declamador profesional para actuar en el Teatro Campoamor durante la Feria de San Mateo, decía muy suavemente:

> *Recuerde el alma dormida,*
> *avive el seso y despierte*
> *contemplando*
> *cómo se pasa la vida,*
> *cómo se viene la muerte*
> *tan callando.*

Y sentíamos que la muerte ya había llegado y estaba entre nosotros y era cosa de todos los días y de todos los tiros.

La muerte, que no llegaba tan callando, sino tan a voz en grito; que no era cosa de poetas, sino cosa de venganzas, de puertas que se caen en la noche a patadas, de un tiro eficaz a la orilla de una carretera.

Como se viene la muerte, tan a gritos.

Entonces se nos ponían los ojos húmedos y nos quedábamos callados, mientras por la ventana entraba una última luz.

Qué presto se va el placer.

Y estábamos sentados en el suelo, en la habitación sin muebles, con los cristales rotos y remendados por las tiras blancas de papel, y todo lo que nos quedaba era el silencio y la espera.

Hasta que Benigno, que era el más sentimental, tenía que romper el angustioso instante y se ponía a silbar muy forzadamente, muy aguerridamente y todos terminábamos por cantar a un cuarto de voz:

> *Apoya en el quicio*
> *de la mancebía*
> *miraba encenderse la noche de mayo.*

Cantábamos mal, pero lo hacíamos en coro, a lo asturiano, quitándole el acento andaluz a la canción y poniéndole esa nostalgia de chigre que tantas veces volveríamos gozar, más tarde.

Pasaban los hombres y yo sonreía.

Hasta que a mi puerta paraste el caballo.

Y todos nos bajábamos del caballo. ¡Oh, Ken Maynard cuando nos enseñaste!, y nos quedábamos ante esa mancebía que era una cosa extraña y misteriosa que no significaba nada pero que dejaba entrever milagros ardientes.

Quicio, mancebía, noche de mayo que se incendia; las imágenes se desbordaban en el cuarto vacío, con aquel agujero negro en el suelo por el que había entrado un pedazo de metralla, y aquellas manchas blancas en el papel de la pared que señalaban la ausencia de paisajes enmarcados.

Comenzaba Benigno silbando y luego nos íbamos todos detrás, mansamente, siguiendo aquel camino de sugerencias tan encubiertas y tan ambiguas.

Recuerde el alma dormida, apoya en el quicio de la mancebía, cómo se pasa la vida, cómo se incendia la noche de mayo, cuán presto se va al placer, mancebía, cómo después de acordado, mancebía, da dolor…

El silbar no quita tanto el miedo como pone fuerzas.

Benigno silbaba en el atardecer de Oviedo, mientras la guerra proseguía al otro lado de los cristales rotos.

No bebíamos alcohol todavía, por eso la tarde no terminaba como esta noche, cuando le pido a Ángel que toque en la guitarra «ojos verdes» y yo, mientras tanto, procurando no meter ruido, sirvo dos whiskys y pongo dos hielos en los dos vasos y luego un poco de agua de Tehuacán. Desde el primer piso oigo la voz de Mary que nos llama:

—Paco Ignacio, Ángel; ¡Ya es hora de dormir!
—¡Ya, ya!

Dejaste el caballo,
y lumbre te di
y fueron dos verdes luceros de mayo
tus ojos pa' mí.

—¿Cómo eran aquellos días, Ángel?
—No lo sé; creo que la nostalgia nos los hace ver mejores. Creo que eran malos días.
—¿Tú recuerdas a Rubén?
Ángel sigue tocando, la cabeza sobre la guitarra, como si se asomara al Oviedo de entonces.
—Aquellas gentes fueron muy sórdidas, ¿verdad?, fue una ciudad sin generosidad con los vencidos ni con los hijos de los vencidos.
—Había una gran crueldad en aquel Oviedo, ¿verdad, Ángel?
Mueve la cabeza y toca la guitarra y me da la razón.
Y yo digo, mientras mi mujer nos vuelve a llamar porque sospecha que ya vamos por la segunda botella:
—Recuerdo muy bien a Rubén Darío; era alto, con los ojos dorados y una leontina de oro muy grande. Usaba una levita azul.
Ángel deja de tocar, bebe un sorbo y me mira con una media sonrisa que se asoma por entre la barba:
—Eso de la levita azul, es nuevo.

Que viene el Negus

Era un duelo sin precedentes y sin sucesión posible; algo que nos quedaría grabado y que no volveríamos a encontrar ni en cine norteamericano.

Se inicia el duelo con una serie de señales que terminaría por conformar todo un ritual de guerra; sonaba la campana de la torre de la catedral; sonaba furiosamente, haciendo correr a las gentes en las calles, e inmovilizando a quienes estaban en las casas.

Toda la ciudad se volvía un atento escuchar que sonaba lejano ronroneante el motor.

¡Es el Negus!

Y llegaba el Negus otra vez más, sobrevolando la ciudad sitiada, dando una gran vuelta alrededor de la torre e inclinándose torpemente para tomar la inmensa y constante curva.

La lucha cesaba, los sitiados y los sitiadores interrumpían la guerra para contemplar el duelo.

Negus contra el Legionario.

Todos sabíamos que era un legionario el que estaba en lo alto del edificio más alto de Oviedo; la Caja de Previsión. Se sabía que alrededor de su ametralladora habían colocado un círculo de sacos llenos de tierra y que el legionario estaba sólo a la hora del combate.

Las campanas habían cesado y el Negus se acercaba a la Caja, cada vez en círculos más cortos y apretados; entonces comenzaba a sonar la ametralladora del Legionario.

El motor del avión formaba un ruido espeso que parecía condensar toda la vida de Oviedo y que impedía localizarlo de inmediato.

De pronto el aparato aparecía como un punto oscuro, hundiéndose y saliendo de las nubes:

—¡Allí está el Negus!

Al Negus lo recibía el tartamudeante ladrido de la ametralladora del Legionario.

El Negus parecía no temer a la ametralladora, giraba panzudamente. Observaba lo que ocurría abajo y elegía sus objetivos sin prisa.

En voz muy baja las gentes elevaban su doble plegaria:

Unos: Dale, dale a ese cabrón.

Otros: No te acerques tanto, no te acerques tanto que te van a dar.

Al fin el avión comenzaba a dejar caer sus bombas sobre la ciudad y se oían los estallidos. Por la expansión del aire, por la forma en que se movían las puertas de las casas, sabíamos si había caído la bomba cerca o lejos.

Después el Negus se marchaba, perdiéndose de vista; el Legionario dejaba de ametrallar el cielo y sonaba un alegre repiqueteo de campanas que volvía a poner en marcha la vida de la ciudad y la vida de la guerra.

Una vez una bomba del Negus cayó en el centro de la plaza de la catedral, pero no estalló. Los vecinos pusieron alrededor de la bomba una serie de ladrillos rojos, para que los niños no jugaran con el artefacto.

Resultaba un monumento extrañísimo, esa bomba tan cuidadosamente protegida por dos docenas de ladrillos colocados de pie, como haciendo guardia.

Desde arriba el Negus veía un apretado montón de casas con tejas rojas empenachadas por hilillos de humo gris que se movían, desflecándose, al paso del avión. Abajo las calles parecían estrechas y húmedas, totalmente desiertas, y las vías del tranvía quedaban apenas señaladas, porque sobre los rieles ya se había depositado barro, hojas secas y cascotes de los derrumbes. En algunos sitios las dos hileras de vías se enroscaban entre sí, como gusanitos, a causa de una explosión y un agujero en el cemento.

Los tejados, muy rojos y lavados por la lluvia, dejaban espacios muy chicos a las placitas y jardines de árboles tronchados. El Negus giraba como avión de caballito en feria, unido al eje formulado por la aguja de la catedral y parecía en ocasiones cansarse perdiendo el ritmo de su ronroneo sordo.

El Legionario disparaba, asomándose sobre los sacos terreros y poniendo toda su vida y concentración en cada rociada de balas.

El avión pasaba sobre su cabeza y el Legionario cambiaba dificultosamente la posición de su ametralladora para poder continuar disparando.

Un día ese loco tira al Negus y el avión se nos cae encima del alma, pensaba la gente, atisbando desde las ventanas entrecerradas.

Al final de cada uno de estos asaltos, cuando sonaba la campana liberadora, el Negus y el Legionario se saludaban agitando la mano.

Uno allá arriba, en el cielo, el otro subiéndose sobre los sacos y plantándose, muy chulo, con las piernas abiertas. El Legionario tenía unas grandes patillas que le llegaban a la comisura de la boca y el Negus unas grandes gafas con los cristales rodeados de una tela acolchada y color rojo.

El Negus no agitaba propiamente la mano, como un día pudo advertirse, sino que apretaba el puño. Entonces el Legionario dejó, también, de despedirse como se hace a la salida del tren, y se ponía en posición de firme. Cierta vez resbaló y poco faltó para que se cayera de los sacos y del edificio de la Caja de Previsión. Hubiera sido un final desastroso para los muchachos que hablábamos, asombrados, de este duelo sobre la ciudad, tan distinto al otro que aquí abajo se entablaba, con paseos, disparos solitarios en la noche, muertes amanecidas sobre los jardines, antes tan apacibles y neutrales.

—En el siglo pasado, nos contaba doña María, ejecutaron a un hombre en lo que entonces eran los jardines del convento de los franciscanos. Lo mataron por rebelde.

Queríamos saber el sitio exacto en el que pasó eso, hace un siglo.

—Imposible, ya nadie recuerda el lugar.

Yo tampoco encontré, hace menos de un mes, el lugar en donde vi muertos a un hombre y a una mujer, en ese mismo jardín, hoy parque público.

Pero tuve la suerte de ver pasar un avión sobre mi cabeza, apareciendo y desapareciendo entre las hojas de los árboles.

Me dije: debe ser el fantasma del Negus.

Entonces, me volví a decir, voy a hacer algo que nunca hizo nadie, excepto el Legionario, voy a saludar al Negus como tantas veces deseé hacerlo, pero sin atreverme, porque saludar al Negus agitando la mano era cosa que podía costarle a un muchacho un par de bofetones y un problema para su familia.

Así que me dispuse a saludar al Negus; pero no lo hice.

Estaba rodeado de chiquillos jugando y me avergoncé.

Nadie que yo haya conocido conoció al Negus, nadie con el que yo haya hablado me dijo cómo era el Legionario.

Sin embargo están instalados en la imaginación de muchas personas, son seres novelísticos que tienen más fuerza que la historia.

Son dos figuras de la gran saga de una guerra pequeña, guerra para principiantes, cuando aún no sabíamos que otros Negus, más duros y menos saludadores, podían hacernos volar a todos en un segundo.

Raimundo Otero, que es alto, sonriente y de Oviedo, quiere recordar:

El Negus saludaba con la mano enguantada y el Legionario tenía la piel muy oscura. Creo yo.

Otro amigo entrecierra los ojos, toma un trago, y murmura:

Yo los vi muchas veces, pero es como si fueran parte de una película muy vieja. Están ya muy borrados.

Sobre el alto edificio, hoy ya muy bajo, el Legionario saluda.

Debe ser todo una mentira, de haber sido una verdad hubiera aparecido en un film de Saez de Heredia.

Lo mejor de Asturias

Mi padre estaba en la enfermería de la cárcel Modelo; en una enfermería que servía para ser mostrada a las visitas, porque en las celdas se aglomeraban cientos de hombres enfermos y dañados.

Las celdas individuales de la cárcel Modelo tenían, por entonces, catorce personas cada una.

Mi padre había sido enviado a la enfermería por una recomendación que jamás quedó clara.

Yo escuché discutir esto muchas veces en mi casa.

Mamá aseguraba que quien le recomendó era Alvarito Arias, que era falangista e hijo del coronel Arias.

—Nos hizo muchos favores así, sin decir que los había hecho.

Los Arias eran vecinos de los Taibo en la calle Asturias y habían sido amigos en los días anteriores a la guerra civil.

Mi padre, como digo, estaba en la enfermería cuando vio que entraba un grupo de gente rodeando a un hombre que usaba sombrero y bastón.

Al poco rato todos salieron y el hombre se quedó solo, rodeado de camas vacías y con mi padre allá al fondo, asombrado.

Mi padre, por entonces, pesaba cuarenta y ocho kilos y recibía dos inyecciones diarias.

El hombre estaba muy tranquilo, sentado sobre la cama, mirándolo todo. Mi padre se presentó:

—Soy Benito Taibo.

—Soy Carlos Rodríguez Sampedro.

Papá se quedó asombrado; todos en Oviedo sabían del conde de Rodríguez Sampedro.

Ese día hablaron mucho; resulta que al hombre del sombrero y del bastón le habían llevado una ficha de entrega voluntaria para Auxilio Social y él la había cubierto con una cantidad: cien pesetas.

Al día siguiente llegaron tres falangistas a su casa y le entregaron, rota, a la mitad, la ficha. En su lugar le ofrecían otra ya cubierta.

Cinco mil pesetas.

Rodríguez Sampedro tomó la nueva ficha y la rompió a su vez.

Dos horas más tarde estaba en la Cárcel Modelo.

Mi padre se levantó de la cama y aprovechando su tarjeta de entrenador de futbol de la cárcel llevó al hombre del bastón a que conociera la quinta galería, en donde estaban catedráticos, maestros, artistas, periodistas.

Al volver a la enfermería Rodríguez Sampedro dijo a mi padre:

—Aquí está lo mejor de Asturias.

Lo mejor de Asturias lamentó que el hombre del sombrero y del bastón estuviera en la cárcel sólo un día; porque la cesta de comida que le mandaron de su casa sirvió para alimentar a media docena, de hambrientos presidiarios.

—Si por lo menos lo hubieran tenido en la enfermería tres meses, yo habría llegado a los sesenta kilos—, me decía Papá.

Así que pasen todos

La novela se salta la barda y cae en el ruedo del teatro. Esta es una escena para cinco amigos; tres figuras y otras gentes.

El autor no pretende nada con esta escena, sino mirar hacia atrás y vivir y desvivir unos días que le hicieron tal y como es hoy. Que le impidieron ser de otra manera.

Días de lecturas y novelas que hacen posible esta novela. Días de encuentros fortuitos con textos ya famosos, invención del hilo negro y goce con lo ya inventado y vuelto a inventar.

Las Tres Figuras que aquí se muestran han sido ya mostradas y analizadas, y elogiadas y vituperadas otras veces. Ya están en el anaquel de la literatura española.

Ocurre que ahora van a ser colocadas sobre el estante de madera viva que yo fui.

Sobre madera viva las voy poniendo. Voy colocando, haciéndolas hablar, hablándoles y hablando.

Sobre el mismo lugar hay, también, otras cosas: frases de poemas apenas recordados, una pipa que fue de Luis Cernuda, un gorro de marinero tomado a Rafael, un toro de ojos verdes (sobran detalles), una serie de amores y olvidos.

En fin, cosas así.
La función va a comenzar.
Se suspende el servicio de refrescos.
Entran tres personajes.
Todos vestidos de negro.

Don Miguel de Unamuno (el traje negro de don Miguel es como hecho de roca calcinada): ¿Y por qué nos echan la culpa a nosotros?

Don Antonio Machado (el traje negro de don Antonio es casi gris, un poco polvoriento, un mucho viejo): No es culpa, don Miguel.

Don Juan Ramón Jiménez (el traje negro de J. J. es pulcro, bien planchado; asoman por las mangas la tela de la camisa, muy blanca, y una corbata a raya fina): Perderemos el tiempo.

Don Antonio: Quién sabe, quién sabe.

Se ilumina el fondo del escenario; los cinco amigos están asustados y anhelantes, no se atreven a hablar.
Están en pie.

Don Juan Ramón: ¿Son esos?
Don Antonio: Así parece.
Don Miguel: Hemos sido convocados…

Se miran. Unamuno parece arrepentirse de haber tomado la palabra. Se dirige a J. J.

Don Miguel: Si quiere usted hablar primero…
Don Juan Ramón: Es igual, es igual.

Los cinco muchachos no saben dónde meter las manos; se asustan cada vez más.

DON ANTONIO: Sentémonos. ¿Les parece? Nos podemos sentar.

Y se acerca a una silla. Los tres personajes se sientan. Unamuno, ya acomodado, parece encontrarse mejor, más en su medio.

DON MIGUEL: Si es que ésta ha de ser una reunión para establecer nuestra responsabilidad en el alcance y significado de las vidas de estos jóvenes, tendríamos, previamente, que deslindar los caminos de las responsabilidades. Quiero decir que ni yo podría sentirme responsable de la influencia que puede ejercer, por ejemplo, don Antonio Machado, ni don Antonio puede ni debe aceptar mis culpas literarias o de otro tipo, digamos religiosas.

DON ANTONIO (conciliador, mirando a los muchachos): Sí, verdaderamente somos tres, digámoslo así, tres influencias poco afines entre sí.

Antonio sonríe, pero los otros dos personajes siguen serios. Juan Ramón parece haberse evadido durante un instante. La luz de las diablas hace que sus ojos, muy hundidos, parezcan como dos estrellas lejanas, lejanas.
De pronto, Juan Ramón despierta.

DON JUAN RAMÓN: Resulta, efectivamente, muy molesto que los manuales nos hayan colocado a los tres en ese mismo plano de maestros de generación.

DON MIGUEL (un poco brusco): Parece, sin embargo, que los estos jóvenes no leyeron los manuales. Por lo menos hasta después de habernos conocido.

Don Juan Ramón: Ah. De cualquier forma, y sin establecer niveles de importancia, a lo que me niego, no consigo entender cómo la pereza de los críticos ha podido meternos a los tres en el mismo saco.

Don Antonio (sonriendo): No hay saco tan grande.

Un instante y, de pronto, don Antonio se ríe con mucha alegría de sí mismo, Juan Ramón lo mira y luego sonríe por cortesía. Don Miguel mira hacia el techo, inmóvil.

Don Miguel: Nos estábamos separando del tema. El caso es éste: los cinco jóvenes crecen durante una guerra, tienen entrada a una biblioteca y leen de una forma anárquica, sin espíritu selectivo, todo lo que van encontrando en ella. Lentamente, entre dudas y errores muy significativos, van eligiendo a tres, digámoslo así, mentores.

Don Antonio: A tres responsables.

Don Miguel: Yo quería decir culpables.

Don Antonio: La palabra es dura; no sé si ellos nos consideran culpables de sus vicios.

Don Juan Ramón: También se es culpable de virtudes.

Don Antonio: Sí, muy cierto. Gracias.

Don Miguel: Uno de ellos, con el paso del tiempo, se dirá unamunista.

Mira hacia los jóvenes y se ajusta sus gafas con aro de metal. Un silencio.

Don Miguel: Eso no tiene sentido. Ni unamunista ni unamunista: sólo puede existir un Unamuno, y aceptarse a sí mismo como unamuniano es aceptarse como un ser que ha perdido la esencia de lo unamunesco. Yo jamás pedí a nadie que me siguiera.

Don Juan Ramón: Hay otro que escribió, ya de hombre maduro, dos libros sobre mí. Cosa curiosa.

Parece haber despertado J. J. Miguel saca unos papeles del bolsillo.

Don Miguel: Es el que me odia. Poesía rupestre, dijo, o repitió.

Don Antonio: Adjetivo que no implica odio. Poesía rupestre.

Don Miguel: Lo dijo como se puede decir poesía torpe, poesía con ideas.

Don Juan Ramón (con fastidio): Un momento. Parece establecerse aquí que hay una poesía sin poesía y con ideas, y una poesía con belleza y sin ideas. Es vieja esta trampa, la conozco. Y la verdad es todo lo contrario: la poesía con ideas es la única poesía. Las ideas arrastran tras de sí a la belleza; la llevan de la mano, por mejor decir. Pero han de ser ideas trascendentes, que también hay malas ideas.

Don Antonio: Hay dos tipos de malas ideas: las malas ideas que lo son por malas y las malas que lo son por villanas. ¿Les parece?

Miguel y J. J. aceptan, moviendo ambos la cabeza, sin entusiasmo.

Don Antonio: Pero habría mucho que discutir, y no sé si no tenemos tiempo o tenemos todo el tiempo del universo.

Don Juan Ramón: Yo quisiera volver.

Don Miguel: Este cambio tan breve de opiniones ha dado ya lugar a varias claves. La primera: ¿cómo podría yo sentirme culpable de lo que ahora piensan o dicen pensar estos cinco jóvenes que, al mismo tiempo, hacen culpables a otro ser que nada tiene que ver conmigo? Es absurdo que dos influencias que se oponen influyan de forma definitiva en una misma persona. Yo jamás he dicho que la poesía es el camino hacia Dios, ni que sea un dios por sí misma. Otros son, a mi juicio, los caminos.

Un momento difícil. Juan Ramón se queja, como fastidiado.

Don Juan Ramón: Me duele la cabeza.
Don Antonio: ¿Aquí también le duele?
Don Juan Ramón: Siempre me dolerá. Y no sé lo que hago aquí.
Don Miguel: Volvamos a los hechos.

Mira sus papeles.

Don Miguel: Creo que los tres podríamos aceptar la teoría de que aquello que se lee y que resulta convincente, emocionante o revelador va formando un pozo en el alma, un limo de fondo sobre el cual se irán sedimentando otras cosas. Pero este limo jamás desaparecerá, sino que allá estará, en lo más hondo, aun cuando muy cubierto. En este sentido podríamos aceptar tres influencias sucesivas de fondo, diríamos así. Pero sólo en este sentido.
Don Antonio: Como capas de cebolla.
Don Miguel: Capas geológicas.
Don Antonio: Nada se parece más a la tierra que la cebolla.
Don Miguel: Nada se parece menos a la cebolla que la tierra.

Don Antonio (sonriendo): Ambas hacen llorar.

Miguel lo mira durante un instante y luego, sorprendentemente, sonríe.

Don Miguel: Perdone, no había advertido la intención.

Don Juan Ramón: Jamás asistí a una mesa redonda: no tenemos nada que hacer aquí. Por otra parte, si estos jóvenes han buscado la belleza, la verdad, el dios, por mi causa, está bien. No puedo quejarme, ni ellos tampoco.

Unamuno consulta sus papeles.

Don Miguel: No es el caso. Es, sin embargo, cierto que uno llegará a ser poeta; pero sólo uno. Los otros cuatro irán por caminos raros. Uno terminará en ingeniero. Otro, en herrero y, luego, en zapatero. Otro será editor o vendedor de libros; no lo sé. Y el último escribirá. No es el caso.

Don Juan Ramón: Siembra que irremediablemente, aun cuando luego no lo quieras, cosecharás.

Don Antonio: Sí, sí; yo también podría aceptar este tipo de culpabilidad. Uno escribe, siembra: otros recogen, cosechan. Si la cosecha es mala, también tendré la culpa. No sólo somos los padres de las buenas cosechas.

Don Miguel: De cualquier forma, yo veo en todo esto una incuestionable superficialidad. Cinco jóvenes leen a tres poetas, un día se reúnen y deciden llamarnos para hacernos testigos de lo que son. De lo que serán. De lo que fueron hechos. ¿Es así?

Desde el fondo, los jóvenes parecen asentir. No está muy claro.

Don Miguel: Pero ¿somos los únicos culpables?

Allá a lo lejos, sobre el último telón, que es de plata, aparece Ken Maynard sobre un caballo blanco.
Miguel consulta sus papeles.

Don Miguel: ¿Quién es ese?
Don Antonio: Otro poeta, creo.
Don Miguel: ¿Ven ustedes, jóvenes, ven ustedes? No sólo tres hombres cargan una vida con su ejemplo, con sus escritos, sino que se acumulan muchas cosas, muchas emociones y también muchos errores. Ustedes tienen mil capas geológicas (*mira a don Antonio*), mil capas de cebolla; nosotros sólo somos responsables de un cierto sedimento. Un cierto sedimento.

J. J. interrumpe con un vigor que no le conocíamos.

Don Juan Ramón: ¿Siguen leyéndonos aún? ¿Nos siguen leyendo?
Unamuno consulta sus papeles.
Don Miguel: Sí, parece que sí. Pero sólo algunos de ellos; otros nos olvidaron, creo. Al que más leen es a don Antonio. Curioso.
Don Antonio: Yo estuve de moda.
Don Juan Ramón: Si nos leen estamos vivos; hay que agradecerles eso a los cinco jóvenes. Que nos den vida todavía.
Don Miguel: Sí, es bien cierto. Estamos vivos. Aun cuando no me quieran, yo estoy vivo en quien me lea.

Estoy vivo, incluso, en la indignación, en el repudio, en el rechazo de muchos; en todos los que me niegan, estoy vivo. Ellos, al sacarme de sus vidas, me viven y yo vivo en ellos. Pero no hay que agradecer nada; ni culpables ni héroes: sólo protagonistas.

DON ANTONIO: Estaremos vivos mientras nos lean, pero no si sólo nos recuerdan. Es la diferencia. La diferencia entre un libro y una estatua. Para mi vida, fue vida Rubén Darío.

DON JUAN RAMÓN: Pero se hereda poco. Lo más se encuentra o se saca de uno mismo. La soledad es el lugar en donde se topa uno con todo. Todo en la soledad, todo dentro de nosotros: solos.

DON MIGUEL: Pero al vivirnos nos van convirtiendo en arquetipos. Yo, la poesía rupestre, la poesía impura a tropezones. Juan Ramón, la belleza elegida y depurada, quintaesenciada, convertida en un dios y tan necesaria como un dios. Antonio, la poesía del alma, como una puesta de sol y una tarde castellana y una copla y un aforismo limpio, ingenuo y elegante. Arquetipos en vez de hombres, figuras del papel en que escribimos. Estos muchachos piensan que fuimos importantes en su vida, y lo importante es que piensan que fuimos importantes.

DON ANTONIO: Nosotros mismos nos hacemos arquetipos, nos repetimos, nos insistimos.

DON JUAN RAMÓN: ¿Qué hacemos aquí? Yo no soy responsable de nadie ni por nadie. Tampoco soy responsable de mí mismo, de lo que fue mí mismo.

DON ANTONIO: Hemos venido a verlos. ¡Nos llamaron tantas veces!

DON MIGUEL: Alguno ni nos recuerda bien. Muchas capas de cebolla tenemos encima.

DON ANTONIO: Cebollas, mundos para llorar.

Don Juan Ramón: Volvámonos, estábamos muy tranquilos, y tan solos…

Don Antonio: ¿Le duele a usted la cabeza?

Don Juan Ramón: Nunca me dejó de doler.

Don Miguel: A mí me duele el cerebro.

Don Antonio: A usted, don Miguel, no podría dolerle otra cosa.

Hay un breve silencio. En el fondo, uno de los jóvenes carraspea. Parece como si fuera a decir algo, pero no se decide.

Ken Maynard atraviesa el escenario galopando en silencio, envuelto en nubes blancas y destellos dorados.

Don Miguel: Nunca entenderé a los poetas surrealistas.

Los cinco muchachos parecen fijados ahora en el tiempo.

Por un lateral entra Rubén Darío, el de la cara aplastada. Trae de la mano a Rubén Darío el de la levita azul. Este se rodea de papagallos y colibríes que vuelan en un jolgorio de plumas.

Rubén, El Real: Lo traje para que les saludara.

Rubén Darío, el de la levita, se inclina con la gracia de un titiritero. Ambos desaparecen.

Don Miguel: ¡Muy poca seriedad!

Don Juan Ramón: ¡Vámonos, siempre se me está haciendo tarde!

Don Antonio: ¿Y qué les decimos a los chicos?

Don Juan Ramón: Nada; ya lo dijimos todo, y lo que

no recuerden será mejor que para siempre lo olviden.

DON MIGUEL: Y ellos, ¿no tienen nada que decir?

El grupo de los cinco muchachos va adquiriendo un movimiento muy lento y muy suave, pero sin avanzar ni cambiar de sitio. Es como si estuvieran entrando en el sueño que la escena representa, en el sueño de los tres personajes.

DON ANTONIO: Creo que, más que oírnos y vernos, querían soñarnos.

DON JUAN RAMÓN: Nos están soñando.

DON MIGUEL: Los estamos soñando.

DON ANTONIO: Todo es lo mismo.

Entra Ken Maynard; la luz se hace dorada y violeta, muy extraña.

DON ANTONIO: ¿Cuál es el camino de vuelta?

KEN MAYNARD: Síganme, señores.

Y se va hacia el fondo, haciendo caracolear a su caballo.
Unamuno lo sigue cejijunto.
Juan Ramón lo sigue abstraído.
Machado lo sigue sonriente.
Desaparecen tras del caballo, hundiéndose en el fondo de reflejos y vapores.
Del grupo sale una voz, algo desfallecida.

MUCHACHO UNO: ¿Qué nos dejaron? Muchas veces no entiendo por qué son importantes en mi vida. Ya casi ni recuerdo sus versos.

MUCHACHO DOS: Nos dejaron sus imágenes.

MUCHACHO TRES: Ellos están, ahora lo sabemos, en el centro de la cebolla.

MUCHACHO CUATRO: En el corazón.

MUCHACHO CINCO: En el corazón de la cebolla.

Comienza a sonar un bolero como tocado por una orquesta muy lejana, situada en otro escenario, acaso en otro tiempo.

MUCHACHO UNO: Y, sin embargo, sirvieron para mantenernos.

MUCHACHO DOS: Sirvieron para sostenernos.

MUCHACHO TRES: Sirvieron para diferenciarnos.

MUCHACHO CUATRO: Sirvieron para que no fuéramos tragados.

MUCHACHO CINCO: Sirvieron para lo que nosotros no sabíamos que servían.

El bolero suena ahora más fuerte. Los cinco comienzan a cantar «Farolito».

LOS MUCHACHOS: Farolito que alumbras de noche mi calle desierta…

Están contentos; se pasan los brazos sobre los hombros, muy unidos. El escenario se va llenando de sombras que poco a poco es posible distinguir, son fascistas alemanes, italianos, españoles, que desfilan con gesto ausente, contrastando con la música del bolero, que ahora se impone con gran fuerza.

VOZ DE UN FASCISTA: Tenemos tiempo, tenemos fuerzas, tenemos la moral del vencedor; con esto pudimos con los enemigos, y ahora sólo nos queda hacer de sus hijos nuestros discípulos. Esa es la tarea que nos hemos impuesto.

Van hundiéndose los que desfilan en un espejo mundo de imágenes oscuras y sombras que gotean.

Los cinco muchachos: Farolito que alumbras de noche mi calle desierta…

Dan la espalda al escenario y penetran en las sombras y se evaden.
Va cayendo el telón.
De un costado del escenario sale Agustín Lara.

Lara: Yo no sabía que serviría para esto.

Hace un gesto de asombro contenido, enciende un cigarrillo y pregunta.

Agustín Lara: Y los tres primeros, ¿quiénes eran?

Telón

Golondrinas

Llegué a Capistrano con mi mujer y mis hijos sin saber que iba a Capistrano.

Íbamos rodando por California cuando nos encontramos con el pueblo, de pronto, ante las narices. Yo había pensado siempre que Capistrano era una ciudad italiana. (La señora Nicieza, de haber estado presente en el automóvil, nos hubiera dicho a todos: inconvenientes de ser autodidacta, se producen huecos irreparables.)

El hueco no era irreparable, pero sí enorme.

Durante treinta años Capistrano había puesto melodía a todas mis nostalgias y nos había llevado, a los amigos, en cada reunión anual de hombres maduros, a un bello ejercicio orfeonístico. Cantamos a Capistrano en Londres, en Nueva York, en Roma, en París y en todo Asturias.

Golondrinas, que vais a Capistrano,
quién pudiera tener alas y volar.

Y siempre, siempre, pensé que el vuelo era hacia el sur de Italia. Aprendimos la canción con el Café Cantante Suizo, en la calle San Juan, en Oviedo, sentados alrededor de una mesa con cinco tazas de café con leche.

El café cantante era lo insólito para aquellos cinco muchachos, era también la bohemia y la de *Dios es Cristo*; era lo máximo.

Cantaba el Trío Dani-Aloa, vestidos con pantalones azules y camisas blancas. El trío estaba formado por dos hombres, que no recuerdo, y por una chica de rostro afilado, de talle muy estrecho, de pelo oscuro. Dani-Aloa eran los mares del Sur, la aventura y la esperanza de la noche erótica sobre una playa sin guardias municipales.

—Papá, ¿de verdad que no sabías que Capistrano estaba en California?

Mi mujer salió en mi defensa: «Es mala memoria», dijo.

Ni mala memoria, ni nada. Yo pensaba que de estar en alguna parte estaría en Italia o en el Paraíso.

Cantaba el trío Dani-Aloa sobre el brevísimo escenario del Suizo; a nuestro alrededor tratantes de ganado, hombres oscuros que habían escapado de sus casas para soñar con Capistrano, parejas que mantenían la distancia al fondo mirándonos a todos.

Teníamos alrededor de dieciocho años y todos los días íbamos a contemplar el vuelo de las golondrinas en un espacio ahumado, entre los ruidos de las cucharillas y el constante interrumpir de las chaquetas blancas de los camareros

Al Suizo se iba a tomar contacto con alguna mujer disimuladamente alegre, para celebrar una buena venta, o por amor a la melancolía.

Usábamos gabardina, teníamos proyectado un bigote y nos poníamos trabajosamente la corbata; éramos cinco aprendices de hombres que andaban en busca de unas alas para irse a Capistrano o a donde fuera. Que el caso era escapar.

Benigno se enamoró de la chica del trío. La chica (¡parece demasiado real como para ser verdad!) tenía una madre astuta que aceptaba cafés con leche y hablaba de lo difícil que estaba la vida para quienes se dedicaban al arte.

La chica de Dani-Aloa sonreía a Benigno y aceptaba el café con leche y la copa de coñac Veterano; nosotros contemplábamos absortos los difíciles progresos de Benigno en el arte de la conquista de la tercera parte de un trío.

Después, por puro despecho, le asediábamos a la salida:

—Lo que quiere es que le pagues el Veterano.

El Suizo tenía una orquesta de hombres que parecían todos cojos o estropeados de un ala; eran músicos con catarro, con bufanda, con gafas en las que estaba aplastado un mosquito. Eran músicos que tocaban a las órdenes de los platillos y el tambor.

El trío Dani-Aloa se acompañaba a sí mismo y por eso su número adquiría una magia muy especial; se movía, muy ondulante, la chica y sonaban las pequeñísimas guitarras llevando la melodía. Supongo que cantarían otras muchas cosas, pero yo sólo los puedo recordar envueltos en golondrinas, sugiriéndonos ese viaje que no tenía futuro cercano, que se terminaba apenas si poníamos los pies en la calle San Juan.

Una vez, a la salida del Suizo un hombre pegó un bofetón a otro. El que golpeó era alto, con gabardina y sombrero; el que cayó al suelo con la nariz en sangre, era más joven, sin abrigo.

Alguien dijo: «Fue por blasfemar.»

El ensangrentado se levantó y se marchó sin decir nada.

Algunas veces aparecían cantantes maricas en el Suizo; eran maricas cautos, que se expresaban a través de contraseñas y vagas significaciones.

Si tú me pidieras
que fuera descalza
pidiendo limosna
descalza yo iría.
Si tú me pidieras
que abriese mis venas
un río de sangre
te salpicaría.

El marica se movía decentemente sobre el escenario; porque todo el espectáculo era para familias, pero algo en sus ojos, en el remolino amanerado de un brazo, iba proclamando su negocio.

Una noche llegó un hombre pálido, sonriente, con jersey de lana gruesísima, con dibujos en blanco y negro, muy torpemente diseñados.

Se sentó, pidió una copa de anís, miró a todas partes. Después dio la vuelta a la cabeza y contemplándonos un rato, confesó:

—Salí de la cárcel esta mañana.

Y se tomó el anís mirando a la chica de los Dani-Aloa.

Existía en el mercado un anís del Mono, que era el bueno, y un anís del Mico, que era peor.

—Si pides del Mico el camarero no te tendrá respeto.

Benigno atendía a estos detalles del buen comportamiento en el Suizo; por otra parte no quería quedar mal ante la madre de la muchacha de los mares del Sur.

—Mi hija va a cantar en el Pasapoga, de Madrid.

Nos lo creíamos todo; menos Manolo que no solía creer nada.

—El día en que ésa cante en el Pasapoga, yo toco la corneta.

En el Suizo los camareros cobraban después de hacer las sumas en una libreta rayada con un lápiz de punta dura.

Entregaban las monedas de vuelta en un platillo.

Cada vez que la madre de la artista estaba con nosotros, Benigno daba más propina.

—No jodas, Benigno.

Pero Benigno hacía un gesto de hombre de mundo, significando que la cosa no merecía la pena y que se negaba a discutirla.

Lo más misterioso del Café Suizo eran las cortinas, creo que rojas, que ocultaban la cara apetecible del espectáculo. Cuando una bailarina estaba interpretando *Las bodas de Luis Alonso*, las cortinas, de pronto, se estremecían, sin ruido, como si algo especial y súbito se hubiera producido al otro lado.

Constantemente advertíamos este movimiento misterioso y prohibido, esa vida al otro lado de la cortina. Suponíamos que multitud de chicas se estarían desvistiendo, poniendo o quitando sostenes, ajustando las ligas, acaso dejándose besar.

Las bodas de Luis Alonso dejaban de tener la importancia artística que nadie les negaba y yo dedicaba toda mi atención a los estremecimientos de la tela.

La madre de la artista consideraba este trajín tras cortinas como una verdadera ofensa al arte.

—Es que distraen a los ejecutantes, caramba.

El momento culminante, artísticamente hablando, era la *Danza del Fuego*.

Entonces los reflectores lanzaban destellos rojos y el hombre del tambor parecía recuperar algo de vida.

Siempre llegaba, procedente de un café cantante de Ponferrada, alguna artista cuya principal virtud era la de ofrecernos la *Danza del Fuego*.

—De cualquier forma, los números exóticos gustan más al público entendido.

—¡A pesar de que en esta sala ni Dios estuvo nunca en los mares del Sur!

Benigno había conseguido una pipa y la encendía trabajosamente. La señora seguía hablando mientras su hija se tomaba el Veterano en sonriente silencio.

—Lo exótico está mejor pagado en París; allí la *Danza del Fuego* importa tres pitos.

—¡Mamá!

Una vez llegaron varios marineros y se sentaron al fondo; pidieron Negrita y aceitunas. Aplaudían tan fuerte que bailarinas les dedicaban lo mejor de sus sonrisas. A la hora de Capistrano, sin embargo, los marineros no parecieron sentirse especialmente impresionados.

La madre de la artista dijo:

—¡Qué barbaridad, esto ya se está pareciendo a los cafés cantantes de Gijón!

Yo me sentí muy ofendido en mi doble condición de gijonés y de romántico del mar, y le dije a Benigno lo que opinaba de la madre de la artista. Se lo dije, claro, al salir del café. También incluí en mi vigorosa descripción a los dos cantantes masculinos del trío y a los cafés de Ponferrada. La verdad es que yo estaba furioso y, además, enamorado también de la chica. Enamorado pero sumido en el doloroso silencio, porque Benigno se me había adelantado.

Cuando llegamos a Capistrano nos encontramos con todo el pueblo cuajado de golondrinas; fue estupendo.

Una de las viejas misiones franciscanas tenía sobre sí un cielo de chillidos, revuelos y trazos negros.

Golondrinas que vais a Capistrano, quién pudiera tener alas y volar.

Y, sin embargo, treinta años después, ahí estaba yo, debajo de las golondrinas, con el alma en un hilo, con mi mujer junto a mí, preguntándome:

—¿En serio estuviste enamorado de una cupletista?

—No era cupletista; pertenecía al género exótico.

Benito y Carlos, mis dos hijos menores, querían saber:

—¿De quién estuvo enamorado papá?

—Mejor ni les digo nada; papá tuvo un pasado escabroso.

Y mi mujer se reía de mí y del trío Dani-Aloa.

El café suizo de la calle de San Juan fue derribado un día del año 1951, creo.

Era como si la piqueta nos estuviera demoliendo a nosotros.

—Lo van a poner en otro sitio.

—Pero no será igual.

¡Qué coño iba a ser igual! Imposible.

Cabeza sobre el suelo

La guerra había terminado y las gentes reconstruían la ciudad. En las afueras, en las mismas líneas de combate, unas señales marcaban los lugares que habían sido ocupados por los dos ejércitos.

En las trincheras franquistas, un letrero decía: «Nosotros», y debajo habían pintado un soldadito con gorro de campana y una borla sobre la frente.

En las trincheras de los republicanos habían escrito: «Ellos», y debajo una calavera, tocada con una gorra de miliciano y dos tibias cruzadas.

Los niños entrábamos y salíamos de los nidos de ametralladora. Nosotros seguíamos siendo fieles al campo de San Francisco, sin embargo. Una vez estábamos jugando junto a un monumento dinamitado. Había una cabeza de piedra tirada sobre el suelo y yo me senté en ella.

Entonces pasó un hombre y me dijo:

—Quítate de ahí.

Sólo mucho después supe que era la cabeza de don Leopoldo Alas, «Clarín.»

La plaza del paraguas

El arquitecto que la diseñó fue a inspirarse en uno de utensilios más característicamente asturianos; posiblemente le haya puesto demasiadas varillas al paraguas y falta el mango, que debió de ser de madera curvada al fuego.

El paraguas cubría a las lecheras de la lluvia.

Algunos mal pensados decían:

—Las fastidiaron, ahora ya no pueden dejar que el cielo les bendiga la leche.

Cuando terminó la guerra, las lecheras volvieron a la plaza del paraguas, pero en forma lenta y suspicaz; se habían acostumbrado a ser visitadas por los clientes y la idea a vender a Oviedo no parecía hacerles gracia.

Llegaban en burras, cargando las grandes latas y dejando detrás de ellas un olor peculiar e inconfundible; mitad a leche agria y mitad a estiércol.

Las gentes de la ciudad contemplaban a los aldeanos con poca simpatía; suponían que durante todo el tiempo de la guerra habían escondido las patatas y las habas.

Los aldeanos parecían recibir el impacto de este rechazo. Algunos tenían el valor de no aceptar sellos por la Patria, que era la moneda corriente.

—¿*Qué ye eso, monín?*

—Sellos por la Patria.

—No, no. ¿No traes dinero de verdad?

Encontrarse con las lecheras bajo la plaza del paraguas era, de alguna forma, dar un paso a eso que se denominaba tiempos normales. Todo el mundo hablaba de los tiempos normales, que se habían ido y que se resistían a volver.

Las lecheras llegaban muy abrigadas, aun cuando no hiciera frío; con mantillas de lana gruesa sobre los hombros y con madreñas. Formaban en grupo aparte y sólo se hablaban entre sí.

Algunos clientes de rompe y rasga agredían de palabra a las lecheras:

—Mídeme bien el litro, puñetera.

La puñetera medía el litro y dejaba caer la leche, en un chorro blanco y burbujeante, sobre la olla.

La leche había tenido un significado muy especial durante el asedio: llegaban los bidones en camionetas y se repartían en diversas calles de la ciudad.

Creo que era en la calle Cervantes en donde íbamos los niños de mi familia a recoger la leche que nos tocaba.

Una vez pasó un avión y disparó un chorro de balas; la olla de mi hermano quedó agujereada para siempre.

Ángel recogió la bala más tarde. Aún lo recuerda: estaba caliente.

La larga fila de recipientes ocupaban los lugares de sus propietarios y se dejaban durante horas, en la acera, esperando.

Después de aquel chorro de balas que destrozó varias cacerolas, los vecinos aprendieron a dejar en su lugar latas viejas, que eran cambiadas por las cazuelas a la hora de recoger la leche.

Bajo el paraguas de cemento armado siempre había

una mancha húmeda, y también pequeñísimos charcos grisáceos, con girones blancos de la leche caída.

Recuerdo haber visto a los perros beber en aquellos charcos.

Al atardecer, las lecheras abandonaban Oviedo y se iban por las carreteras, sin ninguna prisa, caminando a la altura de la cabeza del burro o montadas y arreándole con una vara.

Al llegar a alguna fuente, entre helechos, ataban la burra, bajaban las latas y las lavaban dentro de un ruidero enorme.

Después reanudaban el camino, muy silenciosas.

La industria del sello

No había dinero y por eso se volvió a los viejos y garantizados sistemas de intercambio; yo he visto entregar una máquina de coser de mano a cambio de un galipu de maíz.

El dinero, de cualquier forma, encontró también sustitutos; el más importante fue el sello por la Patria.

Eran cuadraditos, impresos con una tinta roja, me parece, y se usaban para comprar y vender.

Los sellos eran eliminados de la circulación inutilizándolos con marcas de tinta, matasellos de goma y tachaduras o firmas.

Como en todos los documentos oficiales se debían de adherir sellos por la Patria, diariamente desaparecían de la circulación, en Oviedo, miles de sellos y entraban otros en el mercado.

Los sellos invalidados eran para los niños una tentación, y por eso surgió toda una industria que recuperaba el sello.

Las técnicas eran diversas, pero la más socorrida era la de meter los sellos tachados en agua durante largo tiempo, despegarlos luego muy suavemente, para que conservaran parte del pegamento de origen; desteñir con cuidado la mancha de tinta, usando un poco de algodón y paciencia; secarlos y ponerles algo de goma muy licuada.

—*Esi* quedóte muy bien.

El autor del laborioso trabajo contemplaba la obra con orgullo.

De cuando en cuando se fracasaba totalmente.

—Ni a un *ciegu*.

En las tiendas de caramelos se observaba el sello por la Patria con un receloso cuidado.

—No, éste no lo puedo aceptar.

Y se devolvía al niño, que contemplaba, desilusionado, cómo todo el trabajo de una mañana se había perdido.

—*Intenta pasalu en la tiendina de alao. El dueñu ye cegaratu.*

En el periódico *Región* publicaron un artículo explicando que los que se dedicaban a reconstruir sellos por la Patria eran unos enemigos del régimen.

En este renglón de la vida cotidiana de posguerra, no había un solo niño amigo del régimen.

Eran todos más amigos del dulce, la regaliz, los caramelos de la catedral e incluso de la castaña asada.

Oh, Brasil

Queríamos ir a Brasil, en donde se necesitaban campesinos; queríamos ir los cinco para fundar una granja comunal en la que todos fuéramos iguales y la selva fuera de todos. Queríamos ir con tanta ansia que escapábamos en las noches, apenas si podíamos sentarnos en una banca del parque. Queríamos ir escapando de nosotros mismos, huyendo de los cinco cuerpos que parecían no tener salida, que estaban aprisionados en la ciudad y a los que no se les veía escape.

—En Brasil necesitan colonos; sólo hay que escribir a la embajada.

Y yo sentía que me estaba quemando de tantas ganas por marchar a Brasil.

Hicimos planes en los que no sólo entraban las cosechas de plátanos, sino también mulatas con piñas y flores en la cabeza, moviéndose en un balanceo que nos traía de un hilo a todos.

—Sólo hace falta escribir, y te dan un poco de tierra.

Caminábamos por las calles estrechas de Oviedo, sobre un asfalto húmedo que atravesaba las suelas de los zapatos y convertía los calcetines en una masa blanda y fría, y llevábamos en la cabeza el sol brasileño y las enormes flores rojas, como aquella mujer que balanceaba sobre ella misma todo un paisaje en movimiento, todo un mundo de naturaleza que estalla. Íbamos caminando por el Oviedo más viejo los cinco amigos, con quince años sobre el alma, tan viejos, sin embargo, como Oviedo; tan viejos como la derrota de sus padres, tan abandonados y tan jodidos.

—Sólo hace falta escribir y pedir la tierra. Además, entregan las semillas.

Íbamos a plantas piñas, plátanos, flores rojas, y pensábamos bañarnos en ríos inmensos muy verdes, y también muy oscuros, aguas sobre las que flotan árboles carcomidos que se alejan hacia un mar muy lejano, muy lejano.

Contemplábamos un mapa en el que el Brasil era una mancha color café con nombres asombrosamente lujuriosos y ríos trazados por una mano que parecía temblar de pura efervescencia sanguínea.

Ahora los veo, a los cinco amigos, y me apetece unirme a ellos en un abrazo consolador, apretarlos conmigo para que no desesperen y se dejen vencer, porque Brasil, esa mancha color café, está lejos y las calles de Oviedo no se han podido secar con ese sol tan deslavado que hoy asomó triste sobre el monte ciudadano, casi monte de casa adentro, monte en la mano, monte sin la palmera que soñaban los cinco amigos.

—Se escribe una carta dando nombres, edad y domicilio.

Íbamos sobre los quince años cuando nos queríamos ir a Brasil.

Contamos el proyecto a la familia.

—Vosotros estáis locos; a los dos días os morís de cansancio o bien os pica una serpiente pitón.

Pero nosotros no queríamos que se nos desanimara; preferíamos a la serpiente pitón, y al tigre de Bengala, y a los piratas de la Malasia; preferíamos estar contra todos los peligros terribles y retornar a la lucha de nuestros padres, de nuestros hermanos mayores; queríamos tener una oportunidad de vencer a la serpiente.

Los moros del África remota

El Monte Naranco se va deslizando, como quien no quiere la cosa, y se hubiera metido en aquel Oviedo de la guerra si la vía del ferrocarril no pusiera un hasta aquí.

Esta vía limitaba el monte y la ciudad y establecía la diferencia de vivir en Oviedo o en el Naranco, según se estuviera un lado o al otro del ferrocarril.

Por aquellos meses quedaron, de pronto, establecidas otras muchas fronteras; una calle, que había sido escenario de juegos de los niños de todo un barrio, pasaba a ser la zona de nadie, el lugar por encima del cual se intercambiaban los balazos.

En ocasiones, el límite era una sola casa, un viejo campo de fútbol, una pomarada; esos sitios, tan pasados por alto durante años, adquirían una importancia extraordinaria y entraban en el mito bélico.

El Monte Naranco había sido una montaña familiar, para consumo doméstico, para adivinar las nubes que ocultaba o la promesa de un día claro; los ovetenses se habían acostumbrado al monte y a interpretar el grado de visibilidad de su cumbre cercana; en ocasiones se descubrían, en la cima, manchas nuevas.

—¡Serán excursionistas!

—¡Qué locos!

Había muchos ovetenses que podían cerrar los ojos y describir el Naranco como otros lo hacen con un cuadro frente al cual han nacido o ante el rostro de la novia amada; así de casero, íntimo y querido era el Naranco. Los domingos de los años anteriores a la guerra civil, las familias emprendían una lenta caminata, escoltadas por los niños, que se adelantaban gritando o se quedaban atrás descubriendo nidos o cazando grillos. Las familias subían al Naranco dirigidas por el padre, que se había quedado en chaleco y cargaba la chaqueta colgada al hombro; las mujeres vestían en el verano batas de colorines, y algunas llevaban sombrero de fieltro ligero, para el posible sol. Las familias no subían demasiado; se quedaban en el primer o segundo repecho, contemplando el Oviedo adormilado que se recogía allá abajo y comentando ciertos actos de locura que comenzaban a producirse.

—Aquí van a hacer un chalet los Riosa.

—A mí me parece un disparate; en el invierno esto debe ser la muerte.

La familia entraba a tomar un poco de sidra en algún chigre que también se había aventurado a escalar la montaña, y hasta es posible que la esposa, incitada por el marido, que afirmaba los peligros de la sidra en lugares fríos, se decidiera por una copa de anís. Un estremecimiento y la señora declaraba: ya me recorrió el cuerpo.

La lluvia, asomándose de forma traicionera sobre la montaña, apareciendo por sorpresa y con fuerza, hacía retroceder a estas familias, que bajaban a guarecerse a Oviedo, el íntimo lugar del cual había familias enteras que no habían salido en años.

—¿Cuándo estuvo usted la última vez en Madrid?

—En viaje de novios; era yo muy joven.

La mujer miraba al marido y le reprendía:

—No tanto, Pepe, no tanto.

El Naranco, con el agua, toma un verdor deslumbrante, muy luminoso, lleno de matices diferentes y de luces extrañísimas; verdes esmeraldas, verdes cálidos, un verde amarillento de planta que sazona y un verdinegro de carbón desparramado por el tren.

El monte miraba hacia el centro de Oviedo, asomándose por encima de las casas y compitiendo con la torre de la catedral en cuanto a altura y gracia.

Al monte iban los colegios de monjas, formadas las niñas de dos en dos; algunas veces una niña desaparecía de la larga fila y se hundía al otro lado de la vegetación cercana. Cuando retornaba las compañeras sonreían y cuchicheaban, mientras las monjas miraban hacia otra parte, muy interesadas, de pronto, en la vaca que sacudía la enorme esquila.

Todos los ovetenses, tarde o temprano, orinaron en el Naranco, y estas aguas deben ser buenas, porque el Naranco florece en la primavera con mucha alegría, que no hay que abonarle solamente la lluvia gallega.

Para subir al Naranco se usaba la carretera de los Monumentos, en la que se alzan dos ejemplos estupendísimos del prerrománico astur; el profesor de la Universidad ilustraba al visitante.

El visitante había llegado a pronunciar una conferencia y era subido hasta los Monumentos en un peregrinaje cultural y gastronómico, porque después del prerrománico astur venía la fabada y la sidra.

El Naranco, sin embargo, tiene también su historia negra; un monte tan popular, tan del pueblo, dejó pasar a los moros del África remota. Después de la llegada árabe, las fuerzas vivas de Oviedo decidieron ofrecer un homenaje a morería salvadora y en lo alto del Naranco se construyó una media luna sarracena.

Allí estuvo durante muchos años, para asombro de forasteros, dominando no sólo la ciudad, sino también al templo mayor del catolicismo beligerante.

A las gentes de derechas, incluso a los curas, no les parecía raro que la media luna sarracena estuviera en la picorota del monte. A los rojos les divertía mucho este símbolo.

—Si Pelayo ve eso, viene a tirar piedras sobre el Gobierno Civil.

Los viejos anarquistas, que aún quedaban por viejos, aclaraban a los jóvenes, en voz pausada y muy baja:

—La derecha no tiene ideología; tiene contratos. Todo eso del imperio hacia Dios es sólo negocio: puñetero negocio.

Pero la verdad es que nosotros no estábamos muy seguros de que Pelayo pudiera venir a reivindicar su lucha contra el moro invasor; Pelayo estaba, aparentemente, jugando en las filas fascistas.

Pelayo y también Isabel, Fernando, El Cid y todos los demás héroes de la antimorería, y con ellos, para asombro de las gentes con capacidad para seguir acumulando asombros, estaban los moros del África remota.

La media luna era lo primero que se veía en Oviedo al amanecer. Como si Pelayo hubiera perdido la batalla.

Se la veía con los dos picos hacia el cielo y apoyada en dos fusiles con la bayoneta calada.

Luna, lunera, cascabelera y cabrona.

Un paisanín que tomaba sidra en casa Cechini dijo una vez:

—¿Y a eso *llamenlu* Monte Naranco?

Bebió el culín de sidra, dejó el vaso de un golpe redondo sobre el mostrador y dijo, torciendo un poco la cabeza:

—¡Eso *ye* el Gurugú!

¿Viste cómo te miró?

Tardé muchos años en poder tener amigos curas; para mí eran como la Guardia Civil del cielo.

Anticlerical absoluto, ocultaba esta acérrima profesión por miedo a las represalias; pero huía de las sotanas, que sólo podían traer inquisiciones variadas y purgatorios de todo tipo.

Mi familia, la parte femenina sobre todo, era católica al margen del clero; con una especie de relación personal con los santos que no parecía necesitar de ningún puente con sotana.

Ya de niño había escuchado canciones en mi casa que no eran, precisamente, loas al clero:

El padre Elorriaga
ya no pué ser cura
porque llevó a un hombre,
mi vida,
a la sepultura.
Que digas que sí,
que digas que no,
el padre Elorriaga,
mi vida,
fue quien lo mató.

Era yo demasiado joven para investigar la culpabilidad del padre Elorriaga, pero, por principio, acepté que debía salir de la Iglesia. En Gijón se discutía el hecho y algunas personas se mostraban incapaces de creer que un jesuita hubiera matado, en el estremecedor templo llamado la Iglesiona, a un cristiano.

—No puede ser, no puede ser.

Pero todos seguían con la misma canción.

Al terminar la guerra, muchos curas organizaron una especie de desquite para vengar a los colegas que habían sido fusilados por los republicanos. La venganza era a todas luces desproporcionada en relación con el número de víctimas.

El cura tenía en sus manos la posibilidad de cubrir certificados de buena conducta, de bautismo, de matrimonio, de afecto o de desafecto al régimen. El cura adquiría un poder que no rechazaba sino en contados ejemplos; paseaba el cura por la vida ovetense midiendo el bien y el mal y tomando medidas disciplinarias contra quienes no estaban casados, no estaban bautizados o no estaban con Franco.

Una vez nos encontrábamos los cinco amigos sentados en una banca de piedra, cuando yo conté algo que no debía ser precisamente amable para el clero; en ese instante pasaba junto a nosotros un cura grande y fuerte, de manos enormes.

Yo me llevé el susto de mi vida.

Pero el cura no dijo nada; siguió su camino hundiéndose en el arbolado del campo San Francisco.

Luego, uno de mis amigos dijo, con miedo en la voz:

—¿Viste cómo te miró?

La escena se quedó dentro de mí cuidadosamente fijada, y volvió a mí cuando comencé a leer, a los dieciocho años, *La Regenta*, de don Leopoldo Alas.

«En los ojos del Magistral, verdes con pintas que parecían polvo de rapé, lo más notable era la suavidad de liquen; pero en ocasiones, en medio de aquella crasitud pegajosa salía un resplandor punzante, que era sorpresa desagradable, como una aguja en una almohada de plumas.»

El Magistral es más que un cura inventado por «Clarín»; es el mismo cura que pasó ante mí y me miró aquella tarde; es todos los curas que nos dieron guerra.

—¿Viste cómo te miró?

Yo, antes de leer a don Leopoldo, ya sabía de la aguja en el almohadón de plumas.

Algunos curas andan por el mundo sin aguja, hay también que reconocerlo.

En la casa de Culiacán, número 76, en México, aparece tres o cuatro veces al año el padre Félix Rubio Camín, que es un cura abierto a la vida.

Pasa con nosotros un par de semanas y luego se vuelve a la selva, en donde construye dispensarios y celebra misas entre los ahuehuetes.

—Tú vienes a descansar de los católicos. Vienes a hacer una cura de ateos, igual que otros hacen cura de aguas.

Félix se ríe a carcajadas asturianas:

—¡Qué *burru yes*!

La lectura de *La Regenta* podía causar un serio disgusto al pecador que se atreviera con ella; la encuadernábamos con una página de *Región* y se leía en la cama, durante el invierno, cuando Oviedo es más Oviedo que nunca, o más vetusta.

No puedo recordar quién trajo al grupo, por vez primera, a *La Regenta*; acaso haya sido Ángel, sacándola de la biblioteca de su padre, o Manolo, birlándola de la estantería de libros prohibidos de la Cervantes. El padre de Ángel, pienso yo, seguro que la tenía; era un liberalón.

El Magistral vino a dar cuerpo a esa sombra con sotana la que todos temíamos; desde entonces el Magistral camina en la noche de mis fantasmas, rondando los alrededores del convento de Santo Domingo o atravesando, fugazmente, frente a la iglesia de San Isidoro, siempre mirando hacia las luces mortecinas que pudieran salir de las alcobas.

Cuando supimos que habían fusilado, en el año 1937, al hijo de don Leopoldo Alas, que era rector de la Universidad de Oviedo, nadie dudó un instante:

—Una venganza de los curas.

Y aquí sí que no había liberal que discutiera el caso, como anteriormente había pasado con aquel padre Elorriaga, a cuyos pies cayó muerto un joven, de un tiro.

En Oviedo las culpas literarias de los padres las pagan los hijos, dijeron en mi casa.

La Regenta, sin embargo, sigue viva, y el Magistral también lo sigue: ahí están los dos, saliendo y entrando en los caserones ovetenses, en las noches frías y húmedas, huyéndose y observándose, marcándolo todo.

Pasarán muchos años, muchos años, y la mirada de aguja del Magistral seguirá en los ojos de algún otro cura para el cual la Iglesia no avanza, sino que es como una estaca clavada en el tiempo y en los corazones.

—¿Viste cómo te miró?

Muy pocos curas han podido salvar esta barrera mía de adversión surgida durante aquellos terribles años en los que el clero ovetense se movía orgulloso por la ciudad, repartiendo el cielo y el infierno de acuerdo con las ideas políticas de cada cual.

Los moros traían un cura con ellos, me dijeron.

—¿Para qué, si son moros?

—Para los oficiales, que son todos españoles.

El tal cura saltaba primero la trinchera; era un jabato.

—¡Así cualquiera, con la gloria en el bolsillo!

Algunos curas que entraban en mi vida, por encima de mi desconfianza natural, se hacían amigos, sobre todo si yo conseguía olvidar sus sotanas.

En Gijón vivía el padre Rivas, un jesuita poeta, buena persona, sin aguja en el mirar; una vez estábamos en mi casa, tomando café y hablando de poesía. Era en los años cincuenta, creo, y estaba también Rodrigo Artime, entrañadísimo amigo y Julián Ayesta, que escribió un delicioso libro sobre su infancia titulado *Helena o el mar de verano*.

El padre Rivas tendía por entonces a una suavidad muy profesional y delicada; era un cura, digamos, muy cura.

Se hizo un silencio en la habitación: acababa de leer un soneto y todos contemplábamos al autor con aire de circunstancias.

Entonces el padre Rivas dijo:

—Ha pasado un ángel.

Y Julián Ayesta, mirando el reloj, añadió:

—El de las siete y media; Lisboa-Madrid.

Si esto ocurre en el año 1939, Julián Ayesta es denunciado por ateo y su carrera de diplomático hubiera tenido que cargar con una mancha más.

Recuerdo cómo en Semana Santa la ciudad se quedaba hundida en una tristeza formalista y oficial; se cerraban los cines y los cafés, las mujeres salían a la calle con mantilla y vestido negro y los militares aparecían adornados con bandas y cruces sobre el pecho. Las procesiones ovetenses de Semana Santa eran patéticas y feas; como la onda final de una tradición que se había quedado en el puro gesto.

Los muchachos odiábamos la Semana Santa y también ciertas épocas del año en las cuales las chicas desaparecían porque habían comenzado los ejercicios espirituales.

Ninguno de los cinco amigos fue jamás a un ejercicio que no fuera corporal, pero conocíamos lo que allí ocurría por las asustadas relaciones de otros amigos a quienes la posición de los padres o las presiones del cura amigo de la familia, les hacía imposible la huida.

Yo recuerdo la Semana Santa de Oviedo como un tiempo negro, de ecos y trompetas, de pies que se arrastran sobre un suelo empedrado, de velas amarillas y un viento frío que azota los estandartes y hace balancearse al hombre que los carga. Recuerdo la Semana Santa como un tiempo en el que la vida se interrumpía y una falsa aflicción se conformaba en todas las caras.

Ahora, por vacaciones de Semana Santa suelo ir con mi familia a Acapulco; allí, bajo un sol muy fuerte y rojo, me digo: Parece imposible, parece imposible, pero existió ese tiempo sórdido y tan falso, esos días de hipocresía y cuello almidonado.

Mi hijo Carlos sale del agua, sacudiéndose furiosamente, y me dice:

—A mí me encanta la Semana Santa, papá.

¿Cómo explicarle que la que yo viví no era como ésta?

Los ejercicios que hace mi hijo Carlos en Acapulco son distintos y mejores.

Tengo otro amigo cura que me dice:

—Tú eres panteísta.

Yo respondo, riéndome:

—Panteísta moderado.

Félix Rubio Camín jamás usó, que yo lo viera, sotana; llega a casa manejando una camioneta para todo terreno y vestido con un jersey verde ajado.

—Ustedes los curas me fastidiaron muchos días y ese tiempo es irrecuperable.

Entonces él se venga taimadamente:

—Ustedes los periodistas me dijeron muchas mentiras y yo me las creí.

Reconocemos, de súbito, los dos que el problema no es nuestro, sino del cuerpo en el que ambos militamos.

Pero yo tengo una última y siniestra jugada:

—Ocurre, Félix, que yo puedo dejar de ser periodista mañana mismo.

Él me mira, pide un ron con cola-cola y murmura:

—No empieces a fastidiar.

Cerraban los cines, cubrían con un paño negro las carteleras y ponían las banderas a media asta. Quedaba prohibido que los automóviles circularan por el centro de la ciudad. Las mujeres bajaban tres centímetros la bastilla del vestido negro.

Sobre el parche del tambor se extendía un paño y todo sonaba apagado y lento, como si el corazón se estuviera frenando y la vida no fuera lo que es. Las prostitutas de Oviedo abandonaban las casas y se iban a su pueblo, a descansar, hasta que todo hubiera pasado y volvieran los clientes que ahora estaban dedicados al desfile.

Los periódicos, en aquellos días, aparecían llenos de poemas, de artículos firmados por los curas más literatos de la región; se ilustraban con horrorosos dibujos a pluma y se informaba cuidadosamente de lo brillante que había sido la procesión en Sevilla o en Valladolid.

Los cinco amigos caminábamos de una parte a otra, huyendo de los desfiles, escapando de las procesiones, haciendo oído sordo a los tambores y trompetas.

—El sábado de Gloria estrenan una de Fred Astaire.

Y esperábamos ese día con ansia, para que Fred nos bailara sobre el alma, tan aplastada por el paso lento y duro de soldados curas, monaguillos y gente de orden y concierto.

Durante la Semana Santa los fusiles se colocaban boca abajo y no se fusilaba a los condenados a muerte, que tenían que esperar un tiempo más propicio.

En la fragua de Benigno teníamos un gramófono Odeón, una caja de agujas gastadas, otra caja de agujas menos gastadas y doce discos de pasta dura, pesados, que mostraban al perro escuchando a su amo en una actitud que parecía simbolizar a muchos españoles. El gramófono proporcionaba un sonido metálico, como si todos los cantantes fueran ese personaje de Oz, y a quien se le oxidan los codos y las rodillas. Con esos discos y con la no siempre entusiasta colaboración de las dos hermanas más pequeñas de Benigno, aprendimos a bailar. No era fácil; el suelo era de tierra, la música carraspeaba y las hermanas preferían a otros jóvenes menos conocidos, menos torpes y más dispuestos a invitar.

Limosna de amor me diste un instante, limosna de amor, a mi alma sangrante. Y aparecía la madre de Benigno: «¿Están locos?, ¡quiten ese disco!; ¿qué van a decir los vecinos, que son carcas?».

No se podía cantar, las muchachas que cantaban mientras lavaban los platos, en Semana Santa, se iban al infierno.

Nosotros habíamos planeado una Semana Santa en la fragua bailando como locos. Y todo se estropeó.

Limosna de amor, a mi alma sangrante. Era como para morir de tedio.

Desde los púlpitos, los curas (supongo) alababan el espíritu acendradamente católico de la ciudad de Oviedo, que guardaba silencio y se apretaba el corazón para que ni una sola risa interrumpiera los días de duelo y luto.

Mi hermano, entonces, inventó la canción sin música para Semana Santa.

Se recitaban las canciones poniendo énfasis en las palabras y las frases más divertidas. Se descubría que la canción amada era una idiotez. Todo era diferente en la canción sin música.

Amado mío,
te quiero tanto,
no sabes cuánto
ni lo sabrás.

Todos le entrábamos al estupendísimo juego de la canción hablada y exagerábamos la nota, para que los amigos rieran tapándose la boca con las manos. (¿Pero qué escándalo es ese? Nos van a meter en un compromiso.)

Muñequita linda, de cabellos de oro, de dientes de perlas, labios de rubí.

Manolo se reía:

—Esa niña es una caja de bisutería. ¿Qué tendrá de carne?

Ángel buscaba en la memoria otra canción adecuada:

No me cansaré de decirte siempre, pero siempre, siempre, que eres en mi vida, ansiedad, angustia y desesperación.

Poníamos un poco de mala leche para que las canciones desmusicalizadas parecieran aún más pintorescas y divertidas.

Cantábamos sin música en aquellos días de los años cuarenta en los que la ciudad de Oviedo se entregaba a la aparatosa demostración de su cristianismo absoluto.

—¿Viste cómo te miró?

El Magistral miraba a la Regenta, balbuceaba unas frases y terminaba pegando un golpe sobre el respaldo del sillón.

La Regenta recibía el pinchazo de la aguja en la conciencia y sentía que el mundo se le escapaba por los alborotados caminos del alma.

Avelino González, exiliado, psicoanalista y de Gijón me dice:

—Lo que tienes es un trauma; nunca vas a poder contemplar a los curas sin prejuicios.

Alguien interviene:

—Lo que necesita Taibo es psicoanalizarse, para que se libre de su bloqueo anticlerical.

Y yo:

—No, no; si me encanta tenerlo.

Siempre que vuelvo a Oviedo entro en la catedral y allí me estoy un largo rato, entre sombras y susurros, escuchando esos misteriosos ruidos y ecos que producen las sillas al ser arrastradas sobre la piedra, atendiendo al movimiento ratonil de las beatas perdidas entre los reclinatorios, entrando, en ocasiones, en el pasado de la ciudad y remando a contracorriente de la historia para acogerme al Oviedo mínimo de cuatro casuchas y una torre que sólo es un proyecto de maderas y clavos. Es un tiempo delicado y poroso éste que paso en la catedral, ajeno a la propia belleza del sitio, hundido, solamente, en un clima húmero, sonoro, oscuro y alto.

Una vez comenzó a sonar, de pronto, el órgano; fue un momento tan esperado durante años, tan cabalmente imaginado y presupuesto, tan absolutamente necesario para que se fuera a quedar entre otros recuerdos gloriosos, que me prometí no describirlo nunca por escrito.

Ahora no lo describo, solamente lo señalo.

A Leopoldo Alas no le gustaban las locuras del mundo gótico; no le parecían bien las torres hiladas y las piedras lanzadas a lo alto; por eso estaba tan enamorado de la torre de la catedral de Oviedo, que es bastante fuerte, sólida y está necesitando de una compañera para no parecer ese cojo al que le falta la muleta. Yo prefiero el gótico enloquecido, el proyecto febril y muy disparatado, por eso la torre de la catedral de Oviedo no es mi predilecta entre todas. Cuando un cañonazo le quitó un trozo, parecía haberse ajustado aún más a su propio concepto; más apretada aún. Estas cosas no está bien decirlas, sobre todo porque yo amo la catedral, la amo mucho, hasta soñé alguna vez con ella. Pero siempre por dentro.

Aparte de todo esto, yo sé algo sobre la catedral de Oviedo que no he oído repetir a nadie, que jamás vi escrito en ninguna parte.

Le escuché la historia a Pepín Morán, el escultor.

Pepín Morán era de izquierdas y estaba en la cárcel cuando colocaron el enorme andamio alrededor de la torre cercenada por el cañonazo. Él fue el encargado, con un martillo y un cincel, de ir reconstruyéndola piedra a piedra.

Pepín Morán era bajo y burlón, con una socarronería muy asturiana.

Atravesaba la ciudad, junto con un guardia armado con un fusil, todos los días; el guardia se quedaba en los primeros tramos del andamio, con su fusil sobre las rodillas, fumando; y Pepín Morán subía hasta todo lo alto, tomaba el cincel y el martillo, y se pasaba el día trabajando o mirando hacia abajo, a sus pies, a la ciudad que también se iba reconstruyendo poco a poco.

—Yo trabajé todo el tiempo solo; así que hice las cosas a mi modo. En una de las últimas piedras tallé a un hombrín dando un corte de manga.

Eso es lo que los ovetenses no saben; que allá arriba, resumiendo toda la ciudad, en lo alto del más alto símbolo católico, escondido en la piedra oscura, se perpetúa un gesto por los siglos de los siglos.

El hombrín del corte de manga venga la cabeza caída de Leopoldo Alas y otras cosas.

El hombrín responde a la mirada-aguja de los magistrales de aquellos años y lo hace por todos nosotros, los que éramos observados sin piedad.

—Tú lo que necesitas es que te psicoanalicen, para que se te quite ese complejo que arrastras; complejo de niño perseguido por los curas de Oviedo.

Pero yo no quiero que me quiten el anticlericalismo que cargo con una cierta gracia de liberal del siglo pasado.

«Ana vio a la luz de la lámpara un rostro pálido, unos ojos que pinchaban como fuego, fijos, atónitos, como los del Jesús del Altar.»

Leo *La Regenta* y me digo: «que a esa mirada responda con su gesto el hombrín de la catedral de Oviedo.»

«Y con los ojos, el Magistral al decir esto se lo comía y le insultaba llamándole con las agujas de las pupilas, idiota, Juan Lanas y cosas peores».

Y yo digo: «¡El hombrín!»

—¿Viste cómo te miró?

Y yo digo ahora a aquel amigo que salía lentamente del susto:

—¿Tú sabes lo que está haciendo allá arriba, en la torre de la catedral de Oviedo, un hombrín de piedra?

—No.

—Bueno; pues el hombrín está respondiendo a todas las miradas de aguja de todos los curas de España que miran como aquel nos miró.

Y por todo esto, cuando llego a Oviedo, en un viaje fugaz, entre nostalgias, llovizna, recelos que vienen del pasado y un afán sin medida porque la ciudad se justifique y adquiera esa nobleza de comportamiento que no he podido vivir nunca; en ese momento del nuevo encuentro, una vez más, me voy frente a la catedral y miro hacia la torre y allí sé que está el hombrín lanzando un corte de manga que compendia miles de gestos que jamás pudimos formular.

Álbum familiar. (Dos)

Yo me llamo Paco Ignacio Taibo Lavilla González Nava Suárez Vich Manjón Boluna. Tengo cincuenta y cuatro años y voy de bajada. Tengo pasaporte español y me gustaría tener otro asturiano. Un día uno de Sama, Horacio G. Velasco, mandó imprimir una docena de pasaportes del País de Asturias, región independiente del mundo y de las cosas. No entregaron los documentos en la imprenta porque hay una ley que prohíbe andar haciendo pasaportes, aunque sean asturianos.

Habíamos hecho una lista de amigos a los que entregaríamos el pasaporte; Luis Buñuel, Luis Alcoriza, Santiago Genovés, Luis Rius, Michael Wood, Julio Alejandro, Felipe Cazals, Juan Rulfo, Hugo Argüelles, Paco Boves, Luis Javier Solana y Jaime Casillas.

Queríamos organizar una fiesta y golpear con la espada Pelayo, en el hombro, a los nuevos astures.

Genovés sugería que habría que golpear en partes más nobles que la espalda, pero no conoce la espada de Pelayo.

Buñuel se resistía:

—Es que ya soy aragonés, español, francés, mexicano y ahora asturiano; ¿no será mucho?

Cuando Buñuel llega a mi casa va directamente a un ángulo de la biblioteca y se queda mirando una hilera de libros encuadernados en rojo.

Apenas advierte que la curiosidad de las otras personas está sobre él, se vuelve y dice muy cazurramente:

—¡La Enciclopedia Asturiana! Mayor que la Británica.

Mi mujer, Mary Carmen, nació como yo en Gijón y vivió mucho tiempo en el barrio de Cimadevilla, barrio de pescadores que era antes.

Está leyendo este libro según se produce en la máquina de escribir:

—Luego tienes que escribir otro tomo de tu vida en Gijón, para que yo entre.

Mis tres hijos, a saber: Paco Ignacio II, escritor; Benito, poeta y contra-estudiante; Carlos, observador de la vida. Carlos se asombra de que en casa todo el mundo escriba. (¿Papá, es una tradición?)

Y mi hijo mayor:

—Más que una tradición es una pejiguera.

Santiago Genovés iba a salir en la balsa y mi familia quería que llevara una bandera de Asturias.

—No llevo sino las banderas de reglamento.

—La de Asturias sería antirreglamentaria; eso le daría a tu balsa un aire más libre.

Aceptó un símbolo intermedio; un recuerdo asturiano que consistió en una bufanda comprada en Avilés.

De cualquier manera yo espero que Santiago, en su próximo viaje, haga navegar por el mar de los sargazos, a la altura del tiburón y del pez vela, la bandera de los astures.

La calidad asturiana de los Taibo suele ser motivo de bromas o de asombros. León Felipe, que en la vida privada era un viejo encantador, muy distante de ese poeta bíblico del que algunos no lo sacan, decía a mi mujer:

—Lo mejor tuyo es ese aire de manzana asturiana que tienes.

A mi mujer el supuesto elogio le sentaba como un tiro: tal manzana de reyneta suponía tres o cuatro kilos por encima del peso adecuado.

—León, yo quisiera ser asturiana en todo, menos en lo de la manzana.

Pero a León Felipe le gustaban las manzanas y las mujeres rellenas.

Marina, mi nieta, pasea tomada de mi mano por el muro de Gijón y me dice: «Cuando venga el sol vamos a ponernos el traje de baño.»

Es mexicana y eso de que el sol visite a los asturianos tan de tarde en tarde, la tiene preocupada.

—¿Tú crees que vendrá el domingo?

—Quién sabe, estará ocupado en Acapulco.

Paloma, la esposa de mi hijo, bromea:

—¿Es cierto que hace años el verano de Gijón cayó en el día quince de agosto?

Yo quiero que vuelvan a pasar el invierno a México, pero nada, los Taibos, incluso aquellos que entraron en la familia en forma tangencial, están ya atravesados por la asturianidad. Lo difícil, dicen, es aguantar el primer día, cuando descubres que los zapatos nuevos te calaron y que las sábanas están húmedas. Después de eso todo es coser y calar.

Amaro, Ángel, Manolo y yo estábamos recorriendo las montañas Sandía, por los interminables desiertos de Nuevo México. El techo del automóvil se calentaba tanto que íbamos de cerveza en cerveza. Entonces, Manolo dijo de la forma más abrupta: «A mí lo que me gusta es el orbayu.»

Y nos pusimos los cuatro a hablar de la lluvia asturiana como si fuera lo mejor del mundo. Así somos los asturianos de absurdos. Antonio Suárez, el pintor, a los siete días de vivir en México comienza a murmurar:

—Es que me falta humedad.

En casa había un libro que pregonaba las ventajas de los baños de asiento. Las ilustraciones mostraban a señores muy formales con el culo metido en el agua; cosa muy curiosa. Yo siempre pensé que el autor de los textos era de Oviedo.

Ortega y Gasset decía que la niebla húmeda asturiana hace que los astures tengamos vista corta, que sólo atendamos a lo que está cerca, a lo que casi se puede tocar.

A mí estas cosas me parecen una tontería literaria; los asturianos somos amigos de tocarlo todo, pero vemos desde muy lejos. Yo desde la isla de Cancún veo la playa de Gijón. Más lejos, imposible.

—¿Y qué tal, si de pronto, gracias a la profunda concentración nostálgica del asturcón comenzara a caer orbayu sobre los montes Sandía?

Era la quinta cerveza y nos la estábamos tomando junto a un bar mugroso, instalado al borde de la carretera. A dos metros de nosotros hay un cajón con serpientes vivas. En total: una casa de madera, un aparato para servir gasolina, la gran caja, cubierta por una alambrada, en la que se revuelven los bichos.

Cierro los ojos y el pescador pone las dos manos sobre el cajón de serpientes, mira hacia el cielo y afirma:

—Viento del Noroeste, lluvia para dentro de un rato.

Y, efectivamente, llega la nube negra por encima del monte, moviéndose con lentitud, porque es sumamente gorda y cargada de aguas. Viene despacio porque viene desde el Cantábrico, y la carrera es larga, coño. La nube, soltando truenos y carraspeando, se instala sobre los montes Sandía y se abre de piernas. Desde el cielo cae un agua suave y espesa que pone un brillo metálico en las serpientes de cascabel y hace repiquetear el techo del bar. Nosotros tapamos la boca de las botellas de cerveza para que no se nos agüe y cerramos los ojos cara al cielo. Este Ortega y G. no sabía lo que estaba diciendo; vemos tan lejos como el castellano, lo que necesitamos es que el agua no nos impida ver. La carretera es ya un río amarillento y el desierto un mar de merluzas escondidas; entre el estruendo de la inundación oigo a Manolo que pregunta:

—¿Te tomas la sexta?

Y yo me digo; si me tomo otra se ahogan las serpientes.

Abro los ojos, contemplo el cielo azul, el buen sol y los rostros sudorosos de mis amigos. Luego suspiro y me digo:

—Carajo, la nostalgia no moja; y eso es lo bueno.

El tren

Ángel nos dedicó, a los amigos, unos versos.
El poema se titula *Ciudad cero*.
Termina así:

> *Todo pasó,*
> *todo es borroso ahora, todo*
> *menos eso que apenas percibía*
> *en aquel tiempo*
> *y que, años más tarde,*
> *resurgió en mi interior, ya para siempre:*
> *este miedo difuso,*
> *esta ira repentina,*
> *estas imprevisibles*
> *y verdaderas ganas de llorar.*

Ángel dice lo que yo quería decir en este capítulo que será muy breve. Quiero contar una cosa que oí contar a mi padre. Es sencilla y no tiene problemas literarios de construcción. Es así: A las dos de la madrugada los presos de la Cárcel Modelo oían llegar el tren de mercancías; el tren mete mucho ruido, jadea, porque junto a la cárcel hay una pequeña cuesta que debe resultarle dura.

A esa hora sacan a los presos que van a fusilar.

A esa hora toda la cárcel despierta.

Sólo una vez se oyó un grito:

—¡Viva la República! ¡Asesinos!

Al día siguiente los presos supieron que quien había gritado era un maestro de escuela.

Sobre la llanura del pensamiento

A los quince años se puede el hombre tumbar cara al cielo, aprovechando ese día de paz que nadie se esperaba y llorar porque todo cambie y la venganza se produzca.

A los quince años el hombre puede imaginar que el Negus se cae sobre la ciudad y estalla el mundo de los malos y lo que vamos a contemplar, cuando los humos y los vientos se hayan ido, será una gran llanura blanca llamada Oviedo.

Entonces, sobre la llanura, de la cual se habrán evaporado los cascotes, las tejas rotas, las piedras convertidas en guijarros; entonces veremos llegar a los nuestros avanzado por una inmensa estepa dorada por el sol y que de alguna forma tiene algo de playa y algo de horizonte inmenso y algo de paraíso despoblado de ángeles idiotas y algo de limpio y puro porque ya la maldad no existe y las fuerzas de la República dominan la planicie que ahora florece en cánticos y banderas agitadas no por el viento sino por los brazos de quienes las transportan.

A los quince años el hombre puede soñar con estas cosas mientras desde el fondo de la cocina la madre lo llama para que aprovechando esta hora de paz, en la que cañones y fusiles parecen adormecerse sobre el suelo, salga a recoger algo de leña al parque cercano porque ya no tenemos, verdaderamente, nada que quemar.

Llanura del pensamiento, que va desde la sien izquierda a la sien derecha y ocupa todo un pueblo capital de provincia y acaso llega hasta un futuro en el que nos está esperando un país sin tantos recovecos, acechanzas, muertes y torturas.

Llanura que no termina sino cuando el hombre de quince años abre los ojos, ve la casa de enfrente, tuerce el gesto, comprueba que la calma aún permanece y decide salir a por la leña cortada por las balas, cercenada por obuses y morteros.

Pero algo se había quedado sin dibujar, en esa inmensa imagen tan dorada y tan limpia y tiene que volver a concentrarse para colocar a su héroe sobre el suelo y pedirle que avance en primera instancia y señale el camino.

Ken Maynard; gracias por ser de izquierdas.

Y después: a por leña.

El génesis

El autor de este libro advierte, al llegar a esta página, que un personaje ha pasado por algunos capítulos como una sombra blanca y gloriosa.

El autor piensa que a estas alturas sería necesario decir algo de ese personaje, ya que de no hacerlo, su presencia en el libro pudiera parecer un chiste privado o una referencia para cinéfilos.

Esta es la raíz de la documentada relación de hechos históricos que a continuación se expresa.

En principio el cine creó a George Barnes y la pistola. Y la película estaba desordenada y vacía en gran parte, pero el disparo contra el público era lo suficientemente real como para llegar a ser historia.

Esto ocurría en el año 1903.

De la pistola y Barnes, apareados concienzudamente, nació en el año 1914, más o menos, William. S. Hart.

Y el cine vio que era bastante bueno.

Y William S. Hart vivió diez años de gloria y disparos, de caballos y desiertos, de amores algo rudos, porque era un poco torpe para el beso.

Y sus hijos fueron tres y aquí se relacionan:

Tom Mix, que estuvo casado con el caballo Tony.

George O'Brien, que trajo al Oeste la estirpe de los irlandeses rudos, tontos y buenos.

Y el glorioso Ken Maynard, quien venía tocado por la gracia y estableció una leyenda y también una ley que fue a parar a la sangre de otros muchos.

La ley es ésta: ningún barro puede manchar al héroe ni a su traje.

Este trío de *cowboys* tuvo hermanos de rango más pequeños, pero también heroicos.

Tim McCoy que llegó a usar corbata de moño. Will Rogers que era feo y de oreja muy grande. William Farnum que nació con cierta tendencia al melodrama. Buck Jones, que torcía la boca al sonreír.

William Desmond que parecía el dueño de un banco rural. Richard Dix, que golpeaba con las dos manos olvidando la pistola.

Y otros muchos que cruzan aún por pantallas recosidas y ásperas a la caricia del recuerdo.

Pero fueron tres los importantes.

Y de la suma y del amor de estos tres hombres (y del caballo Tony) nació un tipo siniestro llamado John Wayne que murió con la boina (verde) puesta.

Después de estas primeras gentes, que abrieron el paraíso a todos los galopes, llegaron los hermosos.

Son muchos los hermosos y la lista es por ello muy larga.

Pero que fueron engendrados por los feos, los fuertes y los bestias, es un hecho.

Nacieron de la sangre de Ken, de Tom y de George; también de otros muchos que no fueron famosos.

Los bellos son legión:

Gary Cooper, Joel Mc Crea, Errol Flynn, Tyrone Power, Henry Fonda, Randolph Scott, William Holden.

Sobre estas mismas llanuras que los bellos convirtieron en negocio, anduvieron también vaqueros que cantaban, hacían bromas con el lazo y jamás asesinaban a un indio. No merecen su ingreso en este documento.

El cine, viéndose tan concurrido de figuras, después de haber parido con dolor a los primeros, tuvo necesidad de otras cosas superfluas e inventó la mujer a caballo, el escuadrón ligero y trompetudo, el viejo vaquero que escupe y fuma, la taberna con piano, los negros con tirantes, las carretas con bueyes, la partida de cartas con seis ases, el pastor protestante que oculta la pistola y otros muchos efectos y artilugios.

El cine, presionado también por la eficacia de los héroes blancos, resucitó a los indios que iba matando en cada film, para que le sirvieran en el film siguiente.

Esta es la historia, el génesis, un poco apresurada, que era necesaria a este libro para quienes de espaldas al autor, no conocieran los prodigios de Ken Maynard; prodigios que llegaban hasta el salto del caballo al árbol, del árbol al bandido, del bandido al suelo y del suelo a la victoria limpia y absoluta.

Ken Maynard, añade el autor para no perder fama de atento a las cosas del cine, no debe confundirse con Kermit Maynard, quien galopaba por la competencia, pero no tenía estilo. Nuestro Ken tuvo de su parte al director Spencer G. Bennett, entre otros, un veterano de diez mil disparos, y a una serie de jovencitas que caían en sus brazos en la escena final, pero no antes.

Ken se bajaba en ocasiones del caballo y escribía sus propios argumentos o producía sus films, pero esto detrás de la pantalla. Queda aquí esta historia situada en su contexto histórico y el autor la dedica a aquellos que jamás vieron a Ken en el Teatro Principal de la ciudad de Oviedo en los años cuarenta.

Gentes, por otra parte, que no podrán hablar, nunca, del western con autoridad absoluta.

Piensa el autor.

Nota final: Ken Maynard hizo trescientas películas, su caballo se llamaba «Tarzán». Murió a los setenta y ocho años soñando con las inmensas praderas y resoñando por un grupo de hombres que le habían convertido, en su día, en ejemplo de libertad y de justicia. Que cabalgue en paz.

Esto se terminó

Ya toda la familia lo sabía, ya se adivinaba en todos los gestos, pero el primero que vino con la noticia fue un viejo socialista de la Cuenca Minera, que llegó con las manos en los bolsillos, la boina sobre la frente, a visitarnos.

—Esto se terminó: el frente asturiano se fue al carajo.

No quedaba otra cosa que hacer, sino esperar lo que ocurriera en el resto de España.

Pero para nosotros, todo había terminado.

Unos días después los jóvenes salíamos por encima de las trincheras y entrábamos al Naranco, avanzábamos por el Escamplero, entrábamos tierra adelante hacia la Argañosa, investigábamos, atónitos, ese mundo que fue promesa y esperanza; y también peligro.

La tierra estaba cuajada de bombas Lafite, botes de metal de los que sobresalía una cinta gris rematada con un trocito de latón herrumbroso. Con todas las bombas de este tipo que fueron lanzadas y no estallaron, se hubiera podido hacer un arsenal.

Las bombas de piña, sin embargo, jamás aparecían sobre el terreno sino convertidas en fragmentos de metralla.

Entre una trinchera y otra se encontraban cosas sorprendentes; paquetes de periódicos atados con cuerdas, ya sucios y empapados, miles de casquillos de fusil, una mochila, un sombrero de fieltro con sangre y lluvia.

Los muchachos teníamos prohibido saltar las trincheras, pero la tentación era demasiado grande.

Subíamos Naranco arriba y nos íbamos llamando los unos a los otros, advirtiéndonos a gritos los peligros, o denunciando los nuevos hallazgos.

Nos cruzábamos con otros grupos de nuestra edad que traían consigo cosas inverosímiles; pedazos de ametralladora, fragmentos de pistolas, un cuadro representando al Sagrado Corazón de Jesús.

Después, ya de nuevo en las calles de Oviedo, se producían intercambios y se establecían valores definitivos; por una muñequera adornada con veinte balas un gorro de soldado regular.

Yo encontré una bota y dentro de la bota un calcetín lleno de barro y dentro del calcetín los huesos de un pie humano.

Entre una y otra trinchera se habían acumulado fragmentos de todas las cosas; sangre y dolor.

Saltar el parapeto y entrar en lo que fue el territorio de los nuestros era como aventurarse por un mundo que fue mágico y que ya sólo era miseria y humedad; se derrumbaba el mito y caía sobre la ya despedazada esperanza; nada había que hacer, sino mirarlo todo y, de vez en cuando, dejarse llevar por el entusiasmo de un hallazgo que nos hiciera olvidar que estábamos caminando sobre nuestro propio mundo hundido y destrozado.

Ángel iba junto a mí, también viendo las cosas, para que un día pudiera convertir tanto desastre en un recuerdo escrito:

Hoy voy a describir el campo
de batalla
tal suerte de los hombres que lucharon
muchos hasta morir
otros hasta seguir viviendo todavía.
No hubo elección;
murió quien pudo,
quien no pudo morir continuó andando,
los árboles nevaban lentos frutos
era verano, invierno, todo un año
o más quizá; era la vida
entera
aquel enorme día de combate.

Ángel caminaba un poco a saltos, como yo suponía que pudiera caminar un dromedario de sólo dos patas y pelo claro; lo mirábamos todo tan absortos y sólo ese hallazgo sorprendente nos sacaba de tanta derrota caída sobre el suelo.

Pero, a pesar de ser jóvenes, ya sabíamos que aquello había terminado y que tendríamos que estar dispuestos a pagar con gran parte de nuestra vida aquel derrumbamiento del frente último, ocurrido más tarde, ya lejos de estas trincheras a las que ahora, perdida toda esperanza, visitábamos como quien entra en una zona arqueológica donde vivieron en su día los reyes y los dioses donde se organizó, durante años, el futuro del mundo y ahora sólo es un pasado en ruinas del que aún cabe entrever unas pocas señales de tanta ilusión y tanto esfuerzo.

Ya todo perdido en Asturias, los hijos de los perdedores saltaron la trinchera abandonada y se fueron a ver el lugar en donde sus padres y sus hermanos lucharon y lucharon.

Volvimos aquel día a casa con una serie de objetos, algunos libros viejos, un puñado de balas y otras cosas.

Al colocarlos sobre la mesa de la cocina, ya muy tarde, tuve que ver en aquella dispersión, en ocasiones rota y hasta quemada, el símbolo aún caliente del fracaso.

Sobre la mesa de la cocina, sin orden ni concierto, estaban las últimas señales destrozadas de la Internacional cantada después de la cena de las personas grandes, estaban fragmentos de conversación atrapada al vuelo en la que se prometía un mañana más justa y muy feliz, estaban los abrazos entre camaradas que se tenían fe, estaban las sonrisas vaticinando triunfos, estaba todo aquello que acunó mi vida durante doce años.

Después llegó Mamá, vio todas aquellas cosas, y dijo:

—Quita eso de ahí. Está manchando la mesa de cocina.

Tuberculosis

En el año 1944, Ángel enfermó de tuberculosis.

Tenía diecinueve años y todos los amigos, aterrados, andábamos secándonos las lágrimas con la manga y ocultándole a Ángel tanta pena. Tío decía:

—Se puede salvar; hay gente que se salva.

Entonces doña María decidió enviar a su hijo a Páramos del Sil, en tierras de León, para ponerle los pulmones a secar.

Comenzó con esto un epistolario juvenil, lleno de poemas, descripciones y periódicos manuscritos.

Iban y venían las cartas contándonos Ángel cómo miraba, desde su ventana abierta, pasar a las pastoras que iban al monte arreando ovejas y borricas.

Nosotros devolvíamos cuento por poema, noticia por noticia.

Páramo del Sil comenzó a ser un lugar amado e imaginado.

Benigno, Manolo, Amaro y yo mirábamos hacia Páramo del Sil en donde el quinto amigo había puesto al sol sus dos pulmones.

Ángel allá estaba haciéndose poeta, al mismo tiempo que secaba.

El día trece de octubre del año mil novecientos cuarenta y cuatro, Ángel me envía un «Envío». Lo dedica: a P.I.T.

Mis versos están tuberculosos.
Por eso, como yo, necesitan reposo.
Léelos detenidamente
y acuéstalos en el lecho de tu mente,
y luego resucítalos si los crees curados
para ver si maduran sobre los verdes prados.

Decidimos reunir el dinero suficiente e irnos a pasar a Páramo del Sil la Nochebuena.

Viajamos en autobuses y en tren, llegamos al pueblo, que era pequeño, en una camioneta.

El pueblo tenía un puente y un río, una iglesia y algunas casas viejas y aplastadas en un suelo de roca.

Aquella noche entramos en la taberna y pedimos un anís cada uno: después llegó la Guardia Civil, dio las buenas noches y, uno por uno, fuimos mostrando los papeles.

La Guardia Civil usaba enormes capotes verdes, húmedos y olorosos a humo de leña y sudor humano. Los vecinos de Páramo del Sil bebieron sus cazallas mientras los cuatro recién llegados iban mostrando la documentación dentro de un silencio enorme, muy profundo.

Se fueron, después de habernos deseado unos días de descanso muy satisfactorios, y dejaron la puerta bien cerrada, porque por ella entraba un frío muy vivo.

Esa noche estuvimos los cinco muy cerca de las estrellas, que parecían brillar como recién cargadas de energía, y caminamos por el pueblo, cruzándonos con sombras que daban las buenas noches, dejando atrás a la luz amarilla de la taberna y entreviendo muy lejos ya, las dos sombras de los guardias que iban desgajando las piedras del camino.

Ninguno de nosotros sabíamos aún qué hacer o a dónde dirigirnos; qué modelar con la vida que quedaba, si es que quedaba.

La sombra de la tuberculosis de Ángel nos tenía a todos asustados.

Vivíamos en la casa de un cura que se había muerto hacía unas semanas y el ama del cura nos daba, como postre, flanes con doce huevos.

Al tercer día los cuatro recién llegados estábamos enfermos de comida.

Caminamos mucho, hablamos de poetas y de novelistas recién aparecidos, nos burlamos de los últimos poetas victoriosos, que eran una mierda pinchada en asta de bandera, dimos noticias de amores y de besos, de chicas que acababan de ponerse medias; de todo. Y nos fuimos dejando a Ángel con los carrillos enrojecidos de tanto viento, aire, sol, huevos y pastoras.

Había algo que teníamos seguro al marchar: ya no se iba morir. Un tipo que recibe la visita de cuatro amigos así ya no se muere.

Una camioneta nos bajó hasta el ferrocarril.

De aquellos días recuerdo la escena de la taberna, alumbrado el lugar con una luz que se nos iba y venía en un suave oleaje; recuerdo también los flanes, la mesa de Ángel con el papel blanco cuidadosamente alineado y también la maquina de escribir sobre la mesa. Las montañas, una pastora gordita, canciones en la noche, ese cielo tan alto y tan lleno de estrellas, y esa ternura que siempre siento cuando estoy con ese mismo grupo, con el que crecí, leí, me fui haciendo grande y luego esa cosa sutil que llamamos maduro.

Tiránico a las aguas e impasible a las flores

Llevábamos una tortilla de patatas y mucha hambre.

—¿Ellas qué traerán?

—Otra tortilla.

El prado estaba muy en cuesta y convenía sentarse hacia abajo mirando hacia arriba y que las chicas se sentaran hacia arriba mirando hacia abajo.

Era una ley que no se comentaba, pero que se ejercía con gran habilidad y desparpajo.

Llegaban con otra tortilla y nosotros sacábamos una botella de vino y ellas colocan, con gran dificultad, un mantel porque elegisteis un campo que parece una cuesta, caramba.

Estaba el campo húmedo, además, y las hierbas molestaban a las chicas en los muslos con su aguda frialdad y por eso acomodaban las faldas sin gran cuidado, un poco desmañadamente.

El vino lo mezclábamos con gaseosa muy dulce y la mezcla aún la siento en la boca y no me entiendo a mí mismo cuando decía, muy feliz:

—¡Está riquísimo!

Entonces, como ajustándonos a una norma de la que jamás nos escapáramos en el futuro, alguien diría por vez primera:

—Mira la catedral, parece como si se pudiera coger con la mano.

Y todos los domingos hacíamos la misma observación o la hacían las chicas.

—Sí, es verdad. Al alcance de la mano.

La tortilla de patatas me traía ya recuerdos asombrosos a pesar de que yo y ella teníamos relaciones aún muy breves.

En Bruselas, por ejemplo, a los diez años llevaba yo la tortilla a las excursiones de la escuela y hasta el señor director quería probarla.

—¿Qué es eso? (En francés).

—Es tortilla, señor. (En español).

—Ah.

Y yo le daba un pedazo al señor director, que se quedaba asombrado de que sólo con huevos y patatas, acaso algo de cebolla, se pudiera hacer una cosa así.

Una vez me dijo, al volver de una de aquellas excursiones belgas, mi amigo Agripino Tomás:

—Hoy un maestro me preguntó si la tortilla de patatas es invento francés.

—Le hubieras dicho que no jodiera.

El campo, volviendo al campo, estaba tan cuestudo que el despliegue de bragas blancas era irremediable.

Ellas nos recomendaban:

—No se pongan de espaldas a Oviedo, que así no ven la catedral.

Yo miraba a Benigno para que, con los ojos, no fuera a denunciar que nuestras pretensiones, en cuanto al paisaje, eran otras. La botella vacía rodaba cuesta abajo y había que ir por ella porque por cada recipiente daban una peseta, y no era cosa de… De nuevo ese fulgor instantáneo de la braga blanquísima.

Un estremecimiento recorría al grupo de amigos y la muchacha acariciaba la falda y se estiraba las medias blancas, para ocultar con el quehacer urgente que había advertido nuestras miradas, que se habían hundido entre sus dos piernas como cinco halcones rectos y muy exactos.

—¿Vosotros creéis en Dios?

—¿En qué Dios?

Pero había que ser muy cuidadosos porque ellas le contaban a la monja que se habían ido de merienda al campo con cinco muchachos que parecían buenas personas, pero que eran un poco, en fin, que tenían sus ideas.

Así que procurábamos hablar siempre del amor más puro.

Pero hasta el amor más puro abría el apetito de tortilla, y el otro apetito también lo abría; por eso se iban las tortillas como centellas y después aparecían las manzanas y, acaso, un poco de queso, pero no de Cabrales, que huele demasiado y disminuye las posibilidades de calmar la otra hambre, la gran hambre de siempre. Hambre que se quedaba en un posible beso muy rápido e inútil.

—Habría que bajar por más vino.

—Ya, ya.

Y todos decíamos el «ya, ya» con una sorna que aseguraba sed para toda la tarde. Al final bajábamos, pero todos juntos, tomados de la mano, cubriendo la carretera de cuneta a cuneta, cantando, porque había sido un domingo estupendo y las piernas de la mujer seguían siendo lo mejor del mundo, sin excluir a las catedrales y a la tortilla de patata. Ya casi en Oviedo vimos un chalet en el que un grupo de personas bebían sidra; a la puerta, tras la gente, pude ver, al fondo del jardín, un cisne que comía en una cazuela de barro rojo.

—Pobre cisne, tendríamos que robarlo y llevárselo a Rubén.

Una muchacha preguntaba, intrigada:

—¿De qué Rubén hablan, del hijo del zapatero?

—No, no; de otro.

—¿Qué hace?

—Hace paté con hígado de cisnes.

Y los cinco amigos nos reíamos, cortando por un momento la bella guirnalda de chico-chica-chico.

Ellas se enfadaban un poco:

—¡Lo que pasa es que sois tontos!

Pero luego nos volvían a tomar de la mano y seguíamos bajando, montaña que se desliza bajo los pies, hacia ese fondo de casas oscuras y humos grises camino del cielo.

—Manolo, ¿te fijaste en el cisne?

—Sí.

—¿Te parecía que estaba tiránico a las aguas e impasible a las flores?

—¡No, qué coño!

Cuando llegamos a Oviedo pasamos junto a la catedral, y Amaro dijo:

—Antes les apetecía a todos tocar la catedral; ¿por qué no la tocan ahora?

Fuimos y la tocamos; pero se advertía muy claramente que ya no nos apetecía. Así es la vida.

Campanas

Terminada la guerra, volvieron las campanas de Oviedo a tener esos ecos nostálgicos y tristones con los que la lluvia y la tarde, el aire gris y las nubes bajas parecen cargarlas.

Entraban las campanadas evadiendo a los árboles del campo de San Francisco y llegaban hasta nosotros para anunciar que la noche ya se estaba cayendo sobre las casas y las torres.

Algunas campanadas eran reconocidas por las mujeres, que aguardaban un instante más antes de abandonar el día y volver a sus casas.

—Son las de San Isidoro.

Y acaso alguien, a nuestro lado, comentara, para que no se nos olvidara nunca:

—Las mismas campanas que en el año 1901 anunciaron la muerte de «Clarín».

Noticias así irían formando todo un fondo de conocimientos que, a su vez, serían trasladados a un mundo legendario de difusas imágenes amorosas y como hundidas en un cuarto dorado al que jamás entraremos, sino que iremos a contemplar desde fuera y desde muy lejos, a través de un balcón.

Sonaban las campanas de San Isidoro en el atardecer y alguien, posiblemente un viejo que pasaba, dijo lo de «Clarín», y es más que probable que todo este momento se hubiera perdido en mí, y para siempre, si algo, que no alcanzo a entender, no lo hubiera prendido en la memoria sin razón aparente.

Curioso mecanismo de olvidos y recuerdos, de cosas que se quedan y otras que escapan; de imágenes que un día surgen del fondo más profundo, avanzando hacia la superficie de manera tan lenta que las vamos presintiendo primero como una mancha oscura y luego ya muy nítidas y exactas, acaso días después de lo que sólo fue presentimiento de que el olvido sería recordado.

Me hubiera gustado participar en esta selección de momentos, pero nunca fue así; los mecanismos más ocultos o independientes trabajan por su cuenta, y entre miles de imágenes se queda un gesto cualquiera que yo cargo ya para siempre conmigo.

Quisiera recordar el último día en Oviedo, cuando mi familia decidió irse a vivir a Gijón y cerrar, así, toda una época que no reabriríamos nunca más; pero ese día lo he perdido y soy incapaz de saber si salimos en tren, si viajamos en un autobús, si íbamos cargados con cosas que no habíamos podido vender en los días más duros; si mis padres, con los tres hermanos, miraron hacia atrás cuando nos separamos de la casa, tan vieja que para ir al retrete abríamos un paraguas en los días de lluvia; si Teresa, la dueña de la casa, lloró al vernos ir; si mi padre dijo algo y mamá respondió alguna cosa. Pero nada recuerdo; aquel día se ha perdido.

En cambio, una campana que suena en un pueblo cercano a Washington, en una tarde sumamente clara, junto a un bosque muy alto de un verde macizo, me lleva, de golpe y de porrazo, sin pedirme permiso, hasta el Oviedo de 1941, y, a su vez, me voy, como de rayo, a un año remoto en el que yo no vivía y veo una casa que nunca vi y sé que dentro está «Clarín», ya muerto. Es el año 1901 y suena la campana de San Isidoro.

Este libro, que voy terminando palabra a palabra, no es libro de memorias, sino de desmemorias o de olvidos, y entre tantos olvidos, de pronto, la campana suena.

Discurso de los sapos

Los cinco amigos jamás fuimos de caza; nunca matamos a un animal; jamás robamos huevos de pájaros; nunca hicimos fumar a los sapos.

Teníamos un gato negro, arisco y majadero, al que pusimos el nombre de Piaba, una elaborada mezcla de los nombres de los cuatro primeros fundadores del grupo.

El gato Piaba se comía cintas de colores y luego le salían por el ano; era muy surrealista verlo arrastrar un listón color de rosa.

No éramos, ciertamente, entusiastas de la asociación de protectores de animales; más bien éramos partidarios de vivir y dejar vivir.

Tuvimos también un pollito muy chiquito, que se convirtió en un gallo enorme, de cresta furibunda; lo mataron en un domingo que se celebraba algo, y los jóvenes nos fuimos a comer al campo pan y queso.

—También te comes una vaca.

—Sí, pero no la conozco.

Un poco de cinismo, porque a otros gallos nos los comíamos felices.

Yo trataba de aclarar esto a mi madre.

—Mira, yo nunca te comería a ti, por mucha hambre que tuviera; pero si estuviera en una isla desierta, con mucha hambre, me podría comer a la mamá de un desconocido.

—¡Qué burro eres, hijo!

Los asturianos, al igual que los naturales de otros muchos países, tienen una fobia muy especial contra los sapos; pudiera parecer una guerra con un fondo estético si no fuera que para destruir a la fealdad se emplea demasiada barbarie.

Una vez encontramos un sapo, en la noche, junto a la fuente de las ranas, en el campo San Francisco.

—¿Y qué hace éste aquí?

—Vendrá desde el Campo de Maniobras.

—¡A dos kilómetros! Ni que fuera «zapotec».

El sapo respiraba escandalosamente, moviendo la papada, pero no se movía.

—Si lo dejamos aquí, se lo come un gato.

—Nunca vi un gato que se comiera sapos.

—¿Habías visto alguna vez un gato que se comiera tres cuartas de listón color de rosa?

Entonces los amigos tomamos cuidadosamente, con un cartón, al sapo y lo llevamos a un pasaje más cerrado en hierbajos y matorrales.

Días después descubrimos que Rubén, a pesar de la levita azul y de todo lo demás, era bastante bestia con los sapos.

—Mira lo que encontré.

Y el descubridor señalaba un poema de *Cantos de vida y esperanza*.

—Aquí, aquí.

Maestro, Pomona levanta su cesto. Tu estirpe
saluda la aurora. ¡Tu aurora! Que extirpe

> *de la indiferencia la mancha, que gaste*
> *la dura cadena de siglos; que aplaste*
> *al sapo la piedra de su honda.*

Nos quedamos los cinco estupefactos; tuvimos un choque emocional muy fuerte. En una balanza, el sapo de la fuente de las ranas y toda nuestra maniobra salvadora, que no había sido fácil, ya que el sapo no colaboró en nada. En la otra balanza, nuestro viejo amigo Rubén, que primero había sido elegante domador de palabras de un circo mágico y celeste; después, un feo chato surgido de una estampa; más tarde, de nuevo, un raro ingenio temerario con casaca azul de malabarista de vocablos, descubridor de griegos, navegante de imágenes. ¡Para terminar en aplastador de sapos!

—Liróforo celeste, se te fue la mano!

Llegué a casa y escribí un discurso a favor del sapo. Dice así:

> *Sapo, sapo, sapejo,*
> *sapientísimo sapo,*
> *sapeador de rubenes,*
> *sepa el sapo a qué vienes*
> *y mírese al espejo*
> *el rubén rubenejo.*

Así terminó aquel incidente y Rubén volvió a ser admitido en el grupo, como estimulante de las noches tristes, archivo de esplendores en los días aciagos y, también, para que Manolo ensayara sus ansias de declamador profesional que algún día estaría en lo alto de un podio con la marcha triunfal entre los labios.

Pero los sapos no saldrían de mi vida.

Al leer a Leopoldo Alas sentí un clarinazo raro:

—Parece como si don Leopoldo también las hubiera tomado contra el sapo.

Y mostré al amigo más cercano el descubrimiento sorprendente, final de *La Regenta*: «Ana volvió a la vida rasgando las nieblas de un delirio que le causaba náuseas. Había creído sentir sobre la boca el vientre viscoso y frío de un sapo». Fin.

En el capítulo dieciséis de *La Regenta*: «Manchándolo con su baba, la necedad prosaica, pasándolos mil y mil veces por sus labios viscosos como vientre de sapo.»

En el capítulo veinticinco: «Aquel sapo, aquel pedazo de sotana podrida, sabía dar puñaladas.»

Hablé de esto con Luis Buñuel.

—¿Qué te parece el sapo?

—¿Como alimento?

—No; estéticamente.

—Hombre, me parece bien, pero no es mi opinión la que importa; tendrías que preguntárselo a la sapa.

Decidí conocer al sapo a fondo y, cuando tuve uno a mano, le toqué el vientre y resultó que no estaba frío y que no era viscoso, sino arrugado, seco y con una serie de verruguitas casi punzantes.

Otro asturiano, don Ramón Pérez de Ayala, vino en defensa del bicho.

Lo dice, o lo dice uno de sus personajes, en *Belarmino y Apolonio*:

—El sapo es sabio, la sabiduría se adquiere mediante el éxtasis. El sapo es símbolo del éxtasis.

Creo que se fue demasiado lejos.

De cualquier forma, estaba claro que incluso el novelista más amado tiene manías que yo no puedo amar.

Hay que seguir desconfiando.

Ángel me dijo:

—Tú y yo nunca podremos mantener el culto a la personalidad de nadie. Ni a la nuestra. En esto del culto somos independientes y blasfemos.

Es verdad, hay que leer y estar contra el que escribe.

Hay que mirar a los otros y bajarlos del altar. Nunca iré a la tumba de Napoleón ni a la de Lenin.

Ángel dice:

—Eso es muy asturiano.

—Eso quisiéramos, que fuera muy asturiano. ¿Recuerdas cómo las mujeres de Oviedo aplaudían cuando aparecía Franco en los noticieros de cine?

—Esas no eran asturianas; eran de derechas.

Nos tomamos un vino apoyados en el mostrador, y Ángel pregunta:

—¿Cómo terminamos hablando de Franco?

—No sé; yo comencé hablándote de los sapos y de su presencia en la obra de Leopoldo Alas.

—Es curioso, por todos los sapos se llega a Franco.

Pedimos otro vino y dejamos que por el gran reloj que nos observa desde la pared pase un poquito de tiempo.

Digo:

—Para los de derechas, Franco era un ídolo. Es cierto que se ponían de pie en el cine y lo aplaudían. También había hombres que aplaudían en posición de firmes, con los codos pegados al cuerpo y aplaudiendo.

—Sí, los recuerdo; tengo que aceptar que no todos los asturianos son como yo los cuento, que también hay siniestros personajes.

—Los que mataban.

—Qué cosa tan extraña, cuando hablo de Asturias jamás la ligo con los falangistas o con los de derechas; como si éstos hubieran llegado de otra parte, como si se hubieran colado en Asturias por debajo del puerto de Pajares. Ellos son como de fuera; los míos son los de adentro. ¿Entiendes eso?

—Sí, lo entiendo. Es que lo tuyo y lo mío es el culto a las gentes.

—Es la personalidad de una región, y luego de un país, y luego del mundo, y luego de los que vengan apareciendo; es otra cosa que el culto a la personalidad. El libro que estás escribiendo sobre Oviedo y sobre nuestra juventud, ¿cómo es?

—No lo sé. Es un libro para quejarme de aquellos años, para dar compasión a los jóvenes que me lean, para sacudirme monstruos y quitarlos de encima. Es un libro para parar las aguas del olvido y para que no vuelvan a inundarnos aquellas otras aguas del terror y de las fórmulas cerradas y vengativas.

Pedimos un tercer vino.

El reloj camina otro poquito.

—Hablamos de los sapos.

—Ah, sí, es cierto. Se me fue el sapo al cielo.

Nos reímos.

—Mira —le digo—, voy a describir un momento extraño; quiero decirte cómo lo voy a incluir en el libro. Así, más o menos:

«En el atardecer, en la Tenderina Baja, cuando las sombras se van comiendo a las personas, unos niños hacen fumar a un sapo.

»Forman un grupo que ríe nervioso entre dientes y que se inclina sobre el animal. El sapo se ilumina a sí mismo en cada chupada.»

—Yo creo que también viví esa escena.

—Es más que posible.

—¿Cómo sigue?

—Entonces yo les dije que dejaran en paz al pobre bicho. Y un muchacho más alto que yo me dijo: «¿Sabes tú si le gusta?» Entonces yo me fui, muy asombrado. Porque jamás había pensado que al sapo le gustara fumar.

—A mí me gusta.

—Sí, ya lo sé. Pero ¿tendrá el sapo los mismos gustos que tú en cuanto a tabaco?

Pedimos otro vino, y que sea el último, porque nos están esperando para cenar.

—Es lo malo de la filosofía, que siempre te deja colgado de un hilo.

—También te deja colgado de un hilo la moral política.

—¿La qué?

—La moral política.

—Ah, sí.

Bebemos con cuidado y miramos al reloj, entre inquietos y contentos por estar acercándonos a la hora en que traicionaremos otra cita.

—Hablábamos de sapos.

—Más bien de gentes de derechas.

—Todo aquel que hace fumar a un sapo es fascista.

—Diga de sí mismo lo que diga.

—Sí, descríbase a sí mismo como se describa.

—Bueno, ya tenemos una definición.

—Es más de lo que tenías cuando comenzaste a colocarme el rollo de los sapos en la novelística asturiana contemporánea.

Yo miro a Ángel y me río con la boca cerrada, moviendo la cabeza, como diciendo: «Qué cabrón.»

—En cuanto al culto a la masa, estoy de acuerdo —dice—, y respecto a que las gentes de Oviedo derechistas no son asturianas, también lo soy si nos atenemos a tu definición de asturiano.

—¿Qué definición?

—Pensé que nos habías definido.

—Pues no.

Ángel bebe un poco de vino con un gesto tan reconcentrado como si fuera de una cosecha especial robada en la Borgoña.

Al fin sugiere:

—Entonces cabría que definiéramos a los ovetenses de derechas que estaban en Oviedo durante el cerco y que aplaudieron a las columnas gallegas, y que más tarde pidieron que todos los rojos fueran exterminados y luego se fueron al cine a aplaudir a Franco cuando aparecía en el noticiero con un gorrito militar rematado por una borla bailoteante.

—¿Los definimos o seguimos hablando de los sapos?

Terrible duda, y para resolverla pedimos un vino más y un poco más de tiempo a ese reloj que nos contempla como...

—Polifemo es el que tenía un solo ojo, ¿no?

—Según; hay un tal Rampa que tenía tres.

—La cara de ese reloj me está fastidiando; es el tiempo que nos mira.

—Volviendo a los derechistas o a los sapos, como tú quieras, yo diría que no hay en ellos materia literaria: mejor los sacas de tu libro.

—Ya no puedo. Lo que entró, entró. No hay puerta de escape.

Otro silencio muy breve, porque la onda melancólica se pelea dentro de nosotros mismos con la onda de alcance aclaratorio.

—Dentro de Oviedo —digo— se defendían contra las fuerzas de la República los elementos que a continuación se expresan: explotadores del pueblo, curas, monjas, gentes mal pensar, Stalin, el espíritu del desfile romano, la sombra de los campos de concentración alemanes, los ricos, los servidores de los ricos, los herederos de los ricos, los que fingían ser ricos, las queridas de los ricos, algún idealista listo para el arrepentimiento, militares sin graduación y sin pensamiento, otros militares...

—Y un tranviario —dice Ángel—. Yo lo vi; había un tranviario de derechas.

Brindamos, entonces, por los tranviarios de izquierda del mundo entero.

En cuanto a los sapos, podríamos añadir que son el símbolo de cómo un escritor importante, un poeta importante, un pensador importante también se pueden equivocar.

En cuanto a las derechas, ¿te acuerdas de aquella dama que salió a manifestarse frente al convento de las Adoratrices pidiendo la cabeza de todos los presos? Era una señora vestida de luto, de muy buena familia, con un collar de perlas de tres vueltas y una pequeña bandera rojigualda que formaba un moñito sobre su brazo izquierdo. La señora tenía el pelo ligeramente cano y olía muy bien.

Llevaba una falda y una blusa y, a través de la blusa, se adivinaba un sostén blanco. Estaba gritando con mucha energía y pedía venganza. Estaba tan furiosa que había olvidado todo recato, circunstancialmente, y permitía asomar sus dos pechos blancos por encima de los botones y los ojales, superados ya.

En cuanto a los sapos nos podemos equivocar.

—¿Y en cuanto a las derechas?

—No, coño. Ahí no hay error posible.

Y terminamos el vino, pagamos y llegamos a la cena con una hora de retraso. Las mujeres estaban furiosas.

—¿Qué estuvieron haciendo?

—Desarrollando un discurso sobre el sapo, para el libro de Paco Ignacio.

—Veremos si es verdad.

Y la dueña de la casa dijo:

—Voy a comprar el libro para cerciorarme y, si no aparecen los sapos, no los vuelvo a invitar.

Ángel dijo:

—Coño, que no se te olviden.

Impasible el ademán

Era muy difícil entender los hechos de guerra, pero aún más difícil entender las razones del enemigo.

La radio anunciaba que la cota 322 «es ya nuestra», y nadie sabía qué era una cota y, de ser algo, en dónde estaba.

Los alemanes, en León, celebraron ayer el cumpleaños de Hitler. ¿Qué hacen los alemanes en León?

Todas las noticias eran oscuras, ambiguas, y en ocasiones se podía vislumbrar la verdad a través de dos noticias falsas y contradictorias.

Pero si era difícil para nosotros, si mezclábamos una cota con otra y Belchite con la batalla del Ebro, más imposible resultaba aún entender a los falangistas.

Ahora cierro los ojos y veo a un solo falangista que los acumula a todos y los perfila con el trazo más seguro y exacto.

Es un hombre de rostro delgado, de pómulos salientes, con un fino bigote negro y los ojos oscuros y en saña; tiene el pelo peinado hacia atrás y pegado a la cabeza como si hubiera sido amasado sobre ella por manos fuertes y aceitadas.

El falangista huele a correas teñidas y aún no bien curtidas, que por su reverso desprenden plaquitas de piel como caspa transparente y reseca.

El falangista usa una hebilla plateada con las flechas, el yugo y los otros elementos heráldicos en relieve.

El falangista lleva la cabeza muy alta y muestra el mentón.

Tiene la mano ligera y golpea con ella abierta en el rostro de las personas, no tanto para lastimar como para meter ruido y dejar constancia de su presencia y de su poder sobre los malos vencidos y humillados.

Tiene un poco de chulo de barrio, perfumado, y de escenografía viva al servicio de una obra que se representa sin fe, pero con boato.

El falangista desfila incluso cuando no desfila, cuando entra en el café, cuando mira en la estación de ferrocarril a los hombres oscuros y sin afeitar que suben a los vagones o hacen cola frente a las ventanillas.

La camisa azul ha dejado de ser una prenda de obrero especializado y cada día adquiere un aspecto más clasista y más limpio, más de retaguardia y de salón de sesiones; con el tiempo será un curioso distintivo de jerarquía dentro de una comunidad que vive con las botas rotas.

Para este tipo de gente se hace una poesía y una prosa que es también escenográfica y aparencial; poesía de gesto y ángeles guerreros, de laureles y bandas que flotan en el aire orlando actitudes de final de ópera.

Los falangistas de Oviedo desfilaban con el ademán impasible, creyéndoselo todo, creyéndose a sí mismos, o tan contentos por su propia presencia en el lugar de la representación que no acertaban a mirarse profundamente.

Cuando se quitaban la camisa, los falangistas de Oviedo estaban con los carcas y con los curas, defendían a los ricos y cantaban las empolvadas glorias de todas las matanzas de indios o de otros pueblos que no tuvieron culpa.

Con el paso del tiempo, el falangista fue cada vez más tenso por dentro y menos decorativo por fuera, arrastraba una oculta desesperanza y una familia que lo contemplaba con una sorna que se mezclaba con desprecios, desilusiones y amores ya marchitos pero aún, en cierto modo, vivos.

—¡No critiquen a papá, ha sufrido mucho!

Y los hijos escondían la nueva prosa política bajo camisas que ya no eran azules y que se guardaban en los mismos cajones en donde un día el padre ocultó la pistola con la que mató a un obrero durante aquella bronca que ha contado tantas veces.

Estábamos contemplando el whisky con soda en el bar del Palace y el que había sido falangista, unos años más viejo que yo, peinaba canas con una mano muy delgada y muy pálida.

—Fuimos usados —me dijo.

Vestido con un traje gris, una corbata a rayas, una camisa blanca, el viejo falangista tomaba junto a mí su whisky a sorbos, mirando hacia las botellas situadas ante sí, colocadas en hileras como para otro desfile muy distinto.

—Fuimos usados.

Lo repitió varias veces y yo no dije nada.

—¿Vas a escribir un libro?

Yo le dije que sí, que lo estaba haciendo.

—Sería un gesto por tu parte que entendieras lo que nos sucedió.

Eso me dijo, y yo dije que sí con la cabeza, porque el gesto ha sido otra de las grandes mentiras de aquellos hombres.

Dije que sí, que entender era un gesto.

Nos despedimos y él me dijo:

—Me alegré mucho de verte. De verdad.

Estaba tan viejo, era como un remedo de aquellas supuestas glorias y desfiles; así que dije que yo también me había alegrado, pero debí decir que estaba entristecido.

Nos dimos la mano y abandonó el bar del hotel, hacia una tarde de Madrid con frío y aire helado.

Entonces ocurrió algo muy sorprendente: el barman, había estado moviéndose al otro lado de la barrera de maderas y cristales, dijo, moviendo la cabeza, como si conociera el paño:

—Todos dicen igual.

Y siguió trabajando de una forma tan distraída que yo no supe si lo decía por el falangista que me acababa de contar sus penas o por otra cosa que le pasaba en aquel momento por la cabeza.

Pedí otro whisky y brindé en silencio por una democracia que estaba naciendo en aquel mismo edificio que había visto todo un lujo de uniformes blancos, boinas rojas, insignias bordadas, gestos impasibles y bigotes finos.

Y, para probar al barman, dije en voz alta, como si lo dejara al aire y para el aire:

—Sólo tiene cuatro años más que yo.

Y él respondió, también sin mirarme.

—Él está desgastado.

Y no dijimos más; bebí, pagué y me fui.

Usados y desgastados, dejándose usar y gozando con el uso, haciendo del mal uso el buen negocio, cansados de vivir en el hueco y de no haber cumplido ni una palabra, agotado el ademán que en vez de impasible es lamentable.

Frente al hotel del Palace, unos fotógrafos retrataban a unos diputados que no usaban corbata y reían junto a los leones de bronce.

En Oviedo, por los años finales de la guerra, el falangista usado había formado parte de un grupo que pegaban palizas.

—Pero, eso sí, nunca matamos a nadie.

Cantando sobre los charcos

Cómo ha llovido, madre,
cómo ha llovido,
que hasta los naranjales
han florecido.
Han florecido, madre,
Han florecido.

Procurábamos que todas las voces fueran una sola voz para que los naranjales resultaran más redondos y más verdes, y sus flores más húmedas y más palpitantes.

Cantábamos mientras nos internábamos por esas afueras de Oviedo que se abrían como el inicio de un camino que, tarde o temprano, todos andaríamos hasta perdernos de vista.

Usábamos pantalón largo y gabardina, teníamos en las botas unos metales clavados para que las suelas no se desgastaran tan pronto; por aquellos días todo se desgastaba muy rápidamente, como si las cosas, que antes eran casi eternas y envejecían mucho más despacio que el hombre, se hubieran carcomido por dentro y, cansadas de pelear, se entregaran al tiempo.

El metal de las botas sonaba sobre la carretera con

un tlitlá-tlitlá que ayudaba a mantener el paso; cantábamos y procurábamos no meter los pies en los charcos, porque ese desfallecimiento de todos los materiales se aceleraba con el agua.

En casa se comentaba, con asombro, el envejecimiento de las cosas más raras:

—Unos calcetines de tiempos normales duraban un año; ahora duran dos meses.

—¿Y las medias? Peor.

Las prendas olvidadas en un armario durante años adquirían, de pronto, un prestigio enorme.

—Le voy a regalar a usted un chaleco estupendo; de antes de la guerra.

Salían de sus guaridas los viejos chalecos, los abrigos que un día fueron arrumbados con desprecio, los trajes de pana que antes eran sólo para los paragüeros, las gorras catalanas y las boinas vascas que el padre se trajo de Bilbao cuando fue a jugar el Real Oviedo.

Todo salía y se veía, de pronto, rodeado de un prestigio nuevo; el prestigio del tiempo normal.

Cómo ha llovido, madre,
cómo ha llovido.

Por aquellos días de posguerra, la Silla del Rey, que hoy está dentro de casa, estaba muy lejos y había que caminar mucho para llegar a ella; tlitlá-tlitlá cuesta arriba.

Una vez, en un pantalón que surgió a la luz en plena marea baja de búsquedas, con olor a naftalina, encontré una entrada para el Tibidabo.

Pensé que el Tibidabo estaba en China.

Mamá tenía en sus manos mis zapatos y los contemplaba desconsolada; ya no se les puede poner otras medias suelas.

Una película muy débil separaba mis pies del pavimento.

—Qué le vamos a hacer, Elisa, hay que tirarlos.

Y mamá, muy triste, decía en un lamento:

—Eran de antes de la guerra.

Y es que hasta lo casi eterno se gastaba en aquellos días en los que todo parecía ser devorado y triturado.

Si la nieve resbala,
¿qué hará el romero?
Ya se va deshojando
lo que más quiero.
¡Ay, amor!
Si la nieve resbala,
¿qué haré yo?

Eran canciones muy misteriosas y profundas, que se cantaban procurando acoplar las voces, cuidando no desentonar ni subir sobre los otros; como quien lleva a cabo un difícil ejercicio colectivo y gimnástico durante el cual el más leve tropiezo podría hacer que todos se cayeran al suelo.

¡Ay, Amor!
Si la nieve resbala,
¿qué haré yo?

Terminábamos la canción, todos de pie, todos formando esa columna humana de música cuidada y sentida, y nos mirábamos ocultando nuestra felicidad, pero dejando transparentar un poco la satisfacción que produce la pequeña obra de artesanía terminada.

Un día, para asombro de todos, llegó el plexiglás.

Los cinturones de plexiglás tenían un prestigio americano, un brillo de otras tierras que estaban más cerca del futuro que nosotros.

Había plexiglás color de rosa, y era el más caro.

El plexiglás era la noticia de que otro mundo exterior vivía fuera de Oviedo, de la camisa azul y de la victoria de los nacionales.

El plexiglás venía a decirnos que muy lejos estaba la esperanza.

—¿Te gusta el plexiglás?

—No sé si me gusta o no me gusta, pero es tan transparente.

Aceptemos que la nieve resbala; que resbale. El romero se sostendrá.

Sin embargo, ¿qué es lo que se deshoja y que yo tanto quiero? ¡Ay, amor!

Caminábamos cantando sobre los charcos aquellas canciones tan ambiguas y tan líricas.

Muy de tarde en tarde, un camión salía de Oviedo lanzando un humo muy negro por la chimenea, como una cocina con ruedas.

Llegábamos hasta la Silla del Rey y mirábamos hacia delante dejando resbalar la mirada sobre la carretera, manchada de charcos que reflejaban las nubes grises; unos charcos llenos de vida porque sobre ellos se movía todo el cielo llevado por los vientos.

Mirábamos la carretera, quiero decir, y alguien preguntaba:

—¿Y si siguiéramos caminando y caminando?

Si la nieve resbala,
¿qué haré yo?

Los desafectos

Llevaban consigo un documento que los señalaba apenas lo exhibían; era una señal roja, para que nadie se llamara a engaño.

Los desafectos al régimen lo eran por escrito y mostraban su condición al pedir un trabajo, al presentarse en la comisaría de policía, al ser interrogados en la calle por sospechosos.

Afectos y desafectos formaban los dos grupos, y para unos era el empleo y para otros la mirada aprensiva que pasaba por encima del papel para clavarse en la cara.

Pero ocurría, al mismo tiempo, que los desafectos comenzaban a formar su propia cadena de ayudas y compromisos; también de simpatías y estímulos callados.

El desafecto llega al nuevo trabajo y el capataz le daba un buen puesto, aun cuando el ingeniero lo mirara con poca simpatía.

El desafecto iba a la iglesia, pretendiendo casarse, y el cura advertía a la novia el peligro entrañado en aquella unión poco limpia; pero el sacristán guiñaba el ojo.

Los desafectos eran legión y estaban derrotados, pero de alguna manera empleaban sus pequeñas influencias en la fábrica, en el taller, en la mina, para empujar hacia arriba al compañero.

Y una vez un minero se quejó de que allá abajo, en la galería, las gentes lo trataban con frialdad y hasta con mala leche.

El ingeniero llamó al capataz y le pidió explicaciones.

—Que lo tratan muy mal los compañeros.

Y el capataz, encogiéndose de hombros, dijo:

—Es que es afecto.

El cerco

Una ciudad sitiada encuentra dentro de sí misma elementos de resistencia con los cuales jamás había contado; fórmulas para sobrevivir que se habían perdido hace siglos.

Los hombres, las mujeres y los niños de la ciudad sitiada miran hacia atrás y recuerdan sistemas que sus tatarabuelos ya habían olvidado; es como si se estableciera un contacto directo con quienes en la cueva, rodeados de peligros supieron subsistir.

Aparecían recetas de cocina que nadie conocía, formas para defenderse del frío que tenían algo de magia, maneras de dormir en tiempos libres, canciones para entretener a los niños que ya no se cantaban.

Una ciudad sitiada mira hacia adentro y encuentra dentro de sí misma razones de esperanza.

Se quemaba la casa y se perdía toda la ropa; un momento después la abuela hacía corseletes con papel de periódico y los niños afirmaban, felices, que eran más calientes que los chalecos de estambre.

—¿Qué hace usted con los pellejos de las patatas?

—Antes los tiraba a la lata de los cerdos.

(Una tradición asturiana muy curiosa, la lata de los cerdos. A ella iban a parar todos los desperdicios de la cocina, y todos los días pasaba por la casa una muchacha y se llevaba la lata de los cerdos, que así engordaban sin costar a sus dueños una peseta.)

—No, no; no tire usted los pellejos de las patatas. Se lavan bien, se tuestan, se les sala y se convierten en unas galletitas que a los niños les encantan. Y es donde la patata tiene más vitaminas.

Nadie sabía que bajo las casas de Oviedo pasaban ríos de agua clara que se iban a perder Dios sabe dónde. Pero un día la ciudad se quedó sin agua y surgieron los pozos artesianos.

Otro día, sin embargo, al aflorar el agua aparecieron flotando largos pelos oscuros: ¡ratones!

Entonces se comenzó a hervir el agua tres veces, y después a airear el agua pasándola de un cacharro a otro, dejando que el chorro, delgado, fuera cayendo, oxigenándose.

A medio día, en todas las casas se encontraba un muchacho al que habían encargado la tarea.

—Hoy tengo que oxigenar el agua.

—¡Qué lata!

Los sombreros viejos se convirtieron en zapatillas; los pijamas, en blusas; los colchones se usaron para tapar las ventanas y proteger a las gentes de las balas perforadoras; el suelo era el colchón, y las mantas, abrigos a cuadros.

Con una hoja de afeitar, un carbón y unos clavos se hacían radios para escuchar a los rojos, y con media botella de vino y un sobre de canela se fabricaba un jarabe para la tos.

Los gatos con arroz eran sabrosos; la algarroba, muy nutritiva; las hojas de laurel con algunas patatas hacían un guiso; una onza de chocolate era un tesoro.

Durante aquellos días desaparecieron dolores de estómago, lumbagos pertinaces, neurosis muy profundas y otras muchas enfermedades imaginarias.

Otras personas, sin embargo, se murieron porque su enfermedad era más fuerte que los rezos de sus familiares.

Una ciudad sitiada encuentra dentro de sí misma factores de salvación que antes se ignoraban; se hacen amigos los vecinos, se enamoran las gentes, se establecen simpatías entre seres que parecían distantes, se habla de lo íntimo con un desconocido. ¡Es todo tan distinto!

Un viudo y una viuda se besan en el descanso del primer piso, después de haber vivido en la misma casa durante veinte años diciéndose nada más: buenos días, buenas noches.

Una ciudad sitiada es diferente.

La señora del cuarto baja al entresuelo y muestra su colección de sellos japoneses.

—Doña Ramona, no sabíamos…

—Desde niña los tengo…

La portera, que era odiada por todos, recibe en su cocina a los muchachos y prepara unos cafés que son la gloria.

—¿Y cómo los hace?

—Quién lo sabe, porque café no tiene.

La puerta de la calle del edificio se cierra a las tres de la tarde y los vecinos se reúnen en las escaleras, a la luz de las velas, si ya oscureció, y se habla de todo, y también de la guerra.

—Hablemos de otra cosa; respetemos los credos.

El niño pequeñito va besando, uno a uno, a todos los vecinos antes de irse a la cama, que es el suelo.

Y, de pronto, comienza el bombardeo y la magia se rompe, y cada quien se hunde en su miedo y en su casa.

Una ciudad sitiada tiene buenos y malos, y horas en las que todo se mezcla.

Después, cuando todo sea un recuerdo muy vago, habrá quién mezcle algunas cosas raras.

—Yo aprendí a jugar al ajedrez durante el cerco.

—Yo hice por vez primera el amor durante un bombardeo, pero un cañonazo me cortó el orgasmo.

—A mí se me curó el reuma de la pierna izquierda.

—En los días de calma estudiaba latín en la trinchera.

—Yo no recuerdo nada: ¡pasaba tanto miedo!

Una ciudad sitiada pudiera ser el más bello experimento humano, sin la guerra.

Los mazos porrones

Cada quien tenía alguna pequeña habilidad para deslumbrar muchachas; silbábamos, hacíamos juegos de manos, recitábamos poesías y cantábamos boleros.

Había, sin embargo, otras habilidades heredadas de forma muy misteriosa o recogidas a lo largo de la breve vida.

Manolo practicaba un asombroso trabalenguas que, más tarde lo supe por Gabriel Celaya, es un típico producto de la poesía popular asturiana.

El tema, que es bastante burro, es también profundamente anticlerical; pero, curiosamente, jamás oí que Manolo le diera ese sentido ni que nosotros lo advirtiéramos.

Eran tres hermanos,
gorditos, gordapos,
pipiritipos, pipiritipos,
que mataron a su hermana,
gordipa, gordapa,
pipiritipa, pipiritipa.
Yendo por el monte,
se encontraron un cura,

pipiritura.
Señor cura, señor cura,
pipiritura, pipiritura,
dénos usted penitencia,
pipiritencia,
que matamos a nuestra hermana,
gordipa, gordapa,
pipiritipa, pipiritapa.
No os lo puedo dar.
Pipiritar.
Y los tres hermanitos,
gorditos, gordapos,
pipiritipos, pipiritapos,
alzaron sus mazos porrones
y mataron al cura.

Después los tres hermanitos matan a un fraile y, más tarde, al Papa y, finalmente, si no recuerdo mal, el rey los mata a ellos.

Esta matanza a base de mazos porrones me dejó estupefacto hace unos años, cuando Manolo, en un alarde de memoria infantil, volvió a recitar el trabalenguas en una fiesta, para asombro de una amiga norteamericana, Shirley Mangini.

Shirley dijo:

—¿Por qué matan con los mazos porrones?

Nadie le pudo responder.

Shirley:

—¿Y ese poema es asturiano?

Estábamos seguros de que sí lo era. Lo que dudábamos es que fuera un poema.

Shirley:

—¿Cómo lo llamarían ustedes?

—Una declaración de principios.
Shirley:
—¿De qué principios?
—De principios eminentemente asturianos.

Y entonces, dejándonos llevar por la fiesta y el whisky, nos lanzamos a organizar toda una teoría que enfrentaba los mazos porrones con las jerarquías eclesiásticas.

Shirley estaba entre la risa y el asombro.
Shirley:
—¿Y eso se les enseña a los niños?
—Sí; a todos los niños de Asturias se les enseñan los mazos porrones.
Shirley:
—¡Pero si Asturias es católica!
—Y monárquica.

Manolo, muy feliz, repetía el estribillo sin equivocarse:

Y los tres hermanitos,
gorditos, gordazos,
pipiripos, pipiritapos,
alzando sus mazos porrones,
mataron al cura.

Shirley miraba a los amigos con los ojos llenos de risa.
Shiley:
—¿Cómo es un mazo porrón?
— Es un poco gordito y un poco gordazo.
Shirley:
—¿Y los curas de Oviedo no protestan de los hermanitos?
Shirley:
—¡Qué país!

Entonces comprendimos, de pronto, su asombro y, levantando los mazos porrones, brindamos por los curas anticlericales de toda Asturias.

Para que no digan que somos injustos.

Estamos solos

Cuando terminó la guerra civil, yo acababa de cumplir quince años.

En la Librería Cervantes vendíamos estampas de Franco, José Antonio, la Virgen de Covadonga, Isabel y Fernando, que los maestros compraban para colgarlas en las aulas.

La estampa de Franco era más grande que las otras.

Vendíamos también lo que llamábamos «Crucifijos escolares»; los había de muchos precios, según la importancia, el presupuesto y acaso el fervor cristiano del maestro, quien, en forma reglamentada, debía colgarlos a sus espaldas, sobre su cabeza, de tal manera que siempre que los alumnos miraran al profesor vieran a Jesús clavado en la cruz, un poco suspendido sobre el nivel del profesorado. A su derecha, creo, estaba la estampa a colores de Franco, y a su izquierda, casi estoy seguro, la de José Antonio Primo de Rivera, éste vestido con camisa azul y las mangas recogidas sobre los codos.

El rostro del maestro o maestra, la cruz y los dos héroes cubrían la pared y cerraban todo el horizonte al alumnado.

Si los niños tenían suerte, por una ventana de cristales parcheados con papel de goma se veía el campo abierto.

Alrededor de las escuelas flotaba siempre una nube pesada de canciones heroicas entonadas con despego.

Encima de la mesa del maestro había una vara.

Los jueves, algunos colegios de monjas sacaban a las niñas a que corrieran por el paseo de Bombé; entonces estallaba una gritería y revoloteaban las cintas moradas que recogían en la cintura, apretándola, las faldas de telas gruesas y plisadas.

Los domingos, las niñas caminaban con sus padres, tomadas de la mano, por las calles estrechas de la ciudad, que iban haciendo desembocar en las iglesias a los pequeños grupos familiares.

Constantemente se oficiaban misas por razones patrióticas, por cuestiones de historia o por celebrar una fecha ligada a un santo o a un héroe.

En estos casos, las autoridades de Oviedo acudían con uniformes de gala, recientemente inventados, y se situaban en la primera fila, sobre cojines púrpuras.

Algunas señoras iban a misa con las medallas que sus hijos, muertos en combate, habían recibido en vida o en forma póstuma; condecoraciones grandes, pendientes de cintas rojas y gualdas. Estas señoras llevaban las medallas sobre el pecho, prendidas del vestido negro.

Al final, frente a la iglesia, se formaban grupos que iban dándose la mano o besándose. Eran gentes comedidas que cuidaban que sus hijos no se fueran demasiado lejos.

Viendo a estas personas, se notaba en ellas una mezcla curiosa de orgullo, victoria y unos restos de miedo. Parecían decirse a sí mismas: ¡y pensar que estuvimos a punto de perder todo esto! Entonces llegaba un automóvil oficial, con el banderín enarbolado, y se llevaba al más importante de todos, junto con su esposa y sus descendientes.

Los hombres veían marchar al automóvil inclinando

un poco la cabeza, en actitud respetuosa y casi sonriente.

Los sacerdotes no parecían contentos dentro de las iglesias, y constantemente salían a la calle, con procesiones de mayor o menor cuantía. Algunas parecían pensadas únicamente para dejar muy claro el nuevo derecho a pisar el asfalto, a dejarse ver, sin miedo al enemigo. Estas procesiones de reafirmación daban la vuelta a la iglesia, solamente, entre cánticos de mujeres y olor a cera.

En la tarde se formaba un paseo sobre la calle Uría y las gentes se miraban pasar las unas a las otras; los jóvenes ensayaban miradas de aprecio sobre las muchachitas y éstas estrenaban blusas de una tela que un día sirvió para que sus madres estrenaran blusas.

En los barrios alejados, grupos de militares pasaban cantando y blandiendo botellas.

Los alféreces usaban bigote recortado y ponían la gorra de tal forma que la visera era como un tejadizo horizontal que impedía contemplar el cielo.

En la noche se iba la buena sociedad a la cama y se abrían los burdeles allá en los barrios pobres.

En los chigres estaba prohibido cantar.

Un borracho, que no había conseguido adecuarse a las nuevas normas, pasaba por la escandalera murmurando y era detenido de inmediato y llevado a la comisaría.

Ya es de noche; sobre un banco de metal pintado de verde, un grupo de muchachos miran esta ciudad cuya vida se esconde en cada casa.

No hay autos ni se oyen más pasos que los de algún sereno.

Es fácil pensar que las medallas y las bandas de colores, las borlas de oro, las mantillas y los pañuelos de encaje están ya cuidadosamente guardados en cajones de viejo olor a madera.

Los sables ocupan cajones especiales, y también los fajines y las espuelas para días de gala.

Algún tren grita lejos y después vuelve la inmensa calma, y el grupo de jóvenes va caminando lentamente hasta la catedral.

Llegarán tarde a casa y habrá bronca; resulta irremediable los domingos, cuando enfrentarse a la tarea de una semana próxima e igual es algo tan angustioso y aplastante, tan falto de ilusiones.

Entonces uno de ellos, sin especial sentido, sin darle a las palabras una intención profunda ni cosa semejante, dice:

—Estamos solos, coño, estamos solos.

Crucifijos

Llegaban a la librería desarmados; en una caja los Cristos y en la otra las cruces de madera oscura. En un cucuruchito de papel de periódico venían los tornillos para clavar a Jesús.

Manolo y yo teníamos a nuestro cargo la tarea de colocar a Jesús sobre las maderas y, cuidadosamente, ir apretando los tornillos hasta que la figura quedara bien sujeta.

Los cristos eran de un metal que se quebraba si era sometido a demasiada violencia, así que el trabajo lo hacíamos despacio y con cuidado.

Cuando a un Jesús se le rompía el brazo, se enviaba a la fábrica para que lo volvieran a fundir.

Algunas tardes llegamos a clavar cien Jesucristos en las cruces.

O acaso más.

Lo que se llevaron, lo que se fue

Dos cosas se llevaron y una cosa se fue, decían los ovetenses de buena cuna. A saber:

Se llevaron el oro a Moscú.

Se llevaron las joyas a México.

Y se fue la lluvia, dejándonos la pertinaz sequía.

Los tres temas daban vueltas y vueltas en los periódicos y en los discursos oficiales. Caballos tozudos aparecían y desaparecían, marcando un camino de lamentos y disculpas en la conciencia de un pueblo que no veía la hora de la esperanza.

Dos cosas se han llevado y una se fue; se suponía, sin embargo, que por lo menos la lluvia retornaría.

Sólo más tarde, mucho más tarde, supieron las gentes de la calle que algo más se había ido, se había perdido, se nos estaba muriendo lejos, mirándonos hasta cerrar los ojos por última vez.

Se habían ido todos los poetas, todos los que pensaban, todos los que hacían arte. España estaba descabezada y los descabezados que nos ordenaban pensaban con los pies.

Ahora que ya ha vuelto y se ha ido la lluvia tantas veces, que el oro de Moscú es sólo una anécdota histórica, que las joyas de México son un fantasma; ahora sólo una ausencia sigue pesando sobre toda una generación. La de quienes murieron allá.

Entonces el centro de Oviedo, repasando la nómina de los que se nos habían ido, los hombres de buenas ideas se daban cuenta de la profunda orfandad en la que habían caído. Pero procuraban no comentarlo en voz alta.

El cine nacional

—¿Vamos al cine?

—¿Qué ponen?

—Película nacional.

—¡Coño!

Considerábamos si seríamos capaces de soportar tanto duelo; pero estaba lloviendo sobre la ciudad y el cielo cerrado aseguraba agua para rato.

—¿Vamos o no vamos?

—Vamos; aquí nos vamos a calar.

—¿No sería mejor calarse que ver cine nacional?

Y era mucho mejor, pero luego venían los catarros.

Estábamos entrando en los cuarenta, y los cuarenta estaban entrando en un cine de pelo planchado, problemas retóricos y gestas heroicas.

Teníamos la nómina de galanes mejor peinados del universo: Luis Peña, Alfredo Mayo, José Nieto, etc., etc.

Y teníamos las gentes más capacitadas para levantar una ceja y con ello decirlo todo: Rafael Durán, Antonio Villar, etc., etc.

Y teníamos un pueblo guapo y un pueblo feo.

Guapo: José Suárez, Jorge Mistral, etc., etc.

Feo: Manuel Luna, Valeriano León, etc., etc.

Los españoles iban al cine a ver una España tan inventada que volvía a casa como si hubieran estado en Babía.

Poco a poco, los españoles derrotados y los españoles vencedores comenzaron a agradecer ese cine de no digas nada.

—Yo me voy al cine para olvidar; ya la vida está demasiado fastidiada para que nos pongan a pensar en una butaca.

—¿Entramos o no entramos?

Y ahí estábamos, guareciéndonos de la lluvia y considerando la maldición que nos esperaba dentro. La taquillera nos miraba preocupada:

—¿Qué, moninos, vais a entrar o no?

—Es que mis amigos no se deciden.

—Pues está muy bien, tolerada.

Y entrábamos.

«*Sinfonía del hogar*, según la inspirada novela de Cecilia A. Mantúa, escritora de fina pluma, ha sido realizada por Iquino con especial cuidado, aprovechando íntegramente las felices ideas del escenario trazado por la propia argumentista en colaboración con Juan Lladó.

»El Círculo de Escritores Cinematográficos, teniendo en cuenta los grandes méritos que concurren en la realización de la película *La Fe*, magnífica plasmación de Rafael Gil, decidió patrocinar su presentación en la capital de España. La obra, extraída de la discutida novela de Palacio Valdés, tuvo por base un guión técnico hábilmente concebido y pródigo en situaciones de honda emoción.

»Algunos realizadores persisten en el afán de seguir viviendo de espaldas a la realidad cinematográfica. Sólo así se explica la pirueta de Iquino al llevar a la pantalla la adaptación del pasatiempo de Tono y Mihura *Ni pobre*

ni rico, sino todo lo contrario, cuyas situaciones descon-
certantes resultan inconcebibles en el cine.»

¡Joder, qué crítica la de España!

Y pensábamos que la crítica era todavía peor que el cine.

Había que leer: «El público de *Ni pobre ni rico, sino
todo lo contrario*, desconcertado ante tan inexplicable
audacia, manifiesta vivos deseos de no volver a ver cintas
semejantes.»

Manolo preguntaba a Benigno:

—¿Tú manifestaste vivos deseos?

—Ángel sí manifestó.

—No manifesté, exabrupté.

Los críticos eran fenomenales, morales, pedagogos,
educativos; llevaban en el bolsillo, a la izquierda de los
huevos, las llaves del cielo y las de la comisaría. Los críticos eran didácticos, explicadores, advertidores.

Los críticos reconvenían, señalaban la conveniencia
de, patrocinaban la exhibición de lo notable, premiaban
lo impremiable.

—¿Ya leíste la crítica de hoy?

—La escribe una dama de Acción Católica.

—Será una dama de Inacción Católica.

Los críticos levantaban el dedo cuando se producía
una explicable audacia.

Nosotros juzgábamos a los críticos, y a todo el mundo.

—Una inexplicable audacia sólo se explica con audacia.

—¿Qué habrá querido decir Antoñita Colomé cuando guiñaba un ojo, casi al final? Habrá que leer el *ABC*.

—El que peina a Rafael Durán usa cemento Altamirán.

Los críticos estaban felices con la censura: «A partir
del año 1939 no ha cesado el Estado ni por un solo momento de ejercer su decidida y vigilante tutela, tratando
de dar un rumbo a la cinematografía nacional, brindán-

dole fórmulas originales por las que pudiera adquirir dimensiones propias en el plazo más corto posible.»

—¿De dónde habrán salido los nuevos críticos de cine?

Estaban escondidos en la Adoración Nocturna, eran quienes hacían las gacetillas de las procesiones; nadie sabía de su existencia hasta que el Alzamiento Nacional los alzó.

Puestos en pie, convertidos en censores de la censurada sociedad, andaban a la búsqueda de inexplicables audacias.

Los amigos compusimos un poema con las más bellas frases de la crítica nacional de cine. A la letra dice así:

Alarde de intensidad dramática,
un bello y preciso ejercicio,
de sencilla grandeza.
Fuerte tono emotivo,
la gesta que vivimos,
y el imperio,
conmueve nuestras fibras.
Los tiempos superados,
entregados al morbo
que ha hundido nuestra España;
a las caducas ideas
cerraremos las puertas.
Espléndido buen gusto,
delicados aportes,
un folklore acertado,
la raíz de la historia.
Y sobre España Dios.
(¿O acaso bajo España?)

Al salir visitábamos a la taquillera.
—No tan buena, no tan buena.

—Yo no la vi; me lo dijo mi hija, que tiene la edad vuestra.

—Pues dígale a su hija...

Y pegábamos con el codo a Benigno para que no extendiera el mensaje.

El cine nacional era algo increíble; los estetas que llevábamos dentro sufrían retortijones.

De cuando en cuando, sin embargo, el libidinoso que también llevábamos dentro, junto al esteta, lo pasaba muy bien.

—Que digan lo que digan, pero las tetas de Mercedes Vecino...

—No señales.

Claro que el libidinoso tenía que adivinar mucho para llegar a las tetas.

Muchas otras cosas había que adivinar.

—Ahora se llama Carlos, pero antes era Charlot.

Algunos actores extranjeros no tenían nombre; pasaban por el cine como seres borrados.

—Es que no son franquistas.

—Si sólo a los franquistas les pusieran el nombre en las películas extranjeras, nos íbamos a quedar con un solo actor.

—¿Quién?

—Mussolini.

En Italia siempre nos iba bien; en 1940 recibe un premio, lo recuerdo, *Sin novedad en el Alcázar*. No la fuimos a ver. (Aunque llueva ese día.)

Qué bueno, qué bueno que aún nos quedaba Ken Maynard.

El cine español de entonces parecía que estaba hecho por una familia que viviera en la cocina, entre las ideas del ama de casa chapada a la muy antigua y la falta de ideas. Cine hecho, mientras se freían las croquetas, entre dos hermanos que se chupaban los dedos.

«*El emigrante*, de Ramón Torrado, sobre argumento concebido por su hermano Adolfo, resulta un film bastante agradable, precisamente por la limitación de sus aspiraciones.» (Los críticos también estaban en la misma cocina, como se ve.)»

«*La dama de armiño*, de Eusebio Adavín, se inspira en la bella obra de su hermano Luis, y pierde con el trasplante al celuloide.»

«Orduña ofrece *Serenata Española*, biografía en imágenes del inmortal músico español Isaac Albéniz, concebida por don Eduardo Marquina y planificada por su hijo Luis.»

En ocasiones, los críticos invitaban a los intelectuales para que entraran en la cocina:

«Nuestra pantalla, a su vez, llama a los intelectuales del cine, brindándoles una oportunidad para decir cosas profundas e interesantes. Nuestra pantalla reconoce la necesidad de elevar su nivel espiritual. ¡He aquí la gran victoria del cine español en 1944!»

Los lentos y siniestros críticos de cine se desplazaban sobre las páginas de los periódicos como dinosaurios de capa caída; todo lo que miran lo estropean, si no es que no estaba ya previamente estropeado por el propio cine nacional.

Ken Maynard, declara de interés nacional la muerte del crítico.

Ken Maynard, *di* que Chaplin es Chaplin.

Ken Maynard, mejor nos vamos contigo al aire libre, aunque el agua nos empape y luego digan que somos bobos dejándonos mojar; porque dentro se está peor. Dentro te empapan la cabeza por dentro y hay españoles que no se van a desempapar nunca.

Amaro:

—Hablando de cine: ¿hay algo peor que lo peor?

Ángel:

—Lo peor es como una muñeca rusa: dentro siempre tiene otro peor, y dentro del otro peor, otro peor, y…

Benigno le interrumpía:

—Siempre terminan culpando de todo a los soviéticos.

Cuando estrenaron *Raza*, los directores de los periódicos llamaron a los críticos de cine:

—Señores, el autor del argumento es una altísima personalidad patriótica; vean el film desde ese ángulo.

—¿La altísima personalidad es muy altísima?

—Bromas, no.

Resultaba que Franco había dejado por un momento de proyectar pantanos y estaba escribiendo.

Los amigos recibimos la noticia con asombro.

—¡Oh, no!

—¡Joder!

—Ya nos amolamos.

—Es que como el oficio le guste, se escribe toda la producción nacional del año que viene.

Preguntamos a la taquillera:

—¿Usted ya vio *Raza*?

Nos miraba un poco inquieta.

—¿Tú eres el hijo de doña María?

—Sí, sí soy.

Después de este reconocimiento, la taquillera contemplaba los alrededores y opinaba:

—No entréis ni a tiros.

Nunca habíamos pensado entrar; estábamos haciendo una encuesta política.

En el año 1944, las autoridades españolas decidieron que tres películas eran de interés nacional; lo hicieron sin contar con la nación.

Eugenia de Montijo, Lola Montes e Inés de Castro, filmadas en España, fueron las agraciadas.

Toro Sentado las raptó a las tres y las tuvo durante ocho días en su tienda de piel de búfalo.

Después las dejó partir, no sin antes darles diez nalgadas a cada una y obligarlas a danzar desnudas alrededor de la hoguera.

Cuando Eugenia, Lola y la pálida Inés comenzaron a caminar por el desierto adelante, alejándose de aquella tienda de piel de búfalo en la que habían descubierto el azote y la jodienda, volvieron los ojos hacia atrás y suspiraron.

Los tres intereses nacionales siguieron su camino alejándose para siempre de Toro Sentado y de toda posibilidad de vida. Ken Maynard, desde lo alto de la colina, las despedía agitando su sombrero enorme, blanco, y lamentando que su civilización de caballero del Oeste le impidiera duplicar el gozo y el castigo decretado por el indio salvaje.

THE END.

Los colores

Dejamos los colores a la espalda y entramos en el cine.

Qué confusos conflictos estábamos viviendo; todo tenía un color; cada color tenía, a su vez, un estigma o un laurel.

Nadie sabía que lo rojo era tan rojo, hasta que ellos ganaron nuestra guerra. Entonces, y de pronto, ese color se hizo pesadumbre y estalló en nuestras manos; ser o estar rojo era la muerte, o el hablar quedo y con palabra humilde. Lo rojo manchaba a las familias y las hacía salir de la casa en el atardecer, cuando nadie las viera.

Los azules, por el contrario, eran los agasajados; eran los que gritaban en medio de la plaza, eran los de recio pisar y los de las banderas.

Un color tan amado como el azul pasó a convertirse en un símbolo enemigo; a pesar de mis gustos, de mis tendencias a contemplar el cielo, a mirarme en las aguas, el azul se fue tiñendo de otros azules diferentes y llegó a ser azul el miedo y el mal sueño.

Por esto, dejábamos los colores a la espalda y entrábamos en el cine, donde todo era blanco, negro y grises tan amables que la chica sonreía en gris, y el vaquero en grises galopaba, y el villano, con un pañuelo negro, sacaba su negro bigote por la ventana y amenazaba con los ojos negros, más que con la pistola.

Este mundo era bello, de parpadeantes grises luminosos, de victorias exactas en las que el malo no tenía opción ninguna en el desquite. En gris llegaba el hombre y, sobre un cielo gris y lleno de alegría, recortaba su sombrero enorme y miraba seguro al infinito.

En ese mundo gris, los cinco amigos éramos muy felices y estábamos seguros.

Los colores a la espalda, sentados muy correctos, mirando ilusionados aquella tela blanca en la que el azul nunca tuvo cabida y el rojo era solo una ilusión óptica con la que yo, por ejemplo, teñía al héroe.

Amena descripción de un bombardeo

La bomba atravesó el mirador, una pared de ladrillos, entró en el cuarto de baño y se fue a incrustar en el retrete, en donde quedó con la espoleta metida en los restos de la última orinada.

Nadie se lo podía creer; por eso la mostrábamos a los vecinos, que acudían caminando muy despacio, porque las vibraciones podían hacer que el artefacto estallara y nos mandara a todos al carajo.

Mamá avisó en la calle a un soldado y después vinieron cinco hombres vestidos con uniformes extraños, correajes deslucidos y diferentes gorros no identificables. Parece que eran los especialistas en desmontar las bombas.

Empezaron siendo cincuenta y ya eran solamente seis, dijeron. Pero habían aprendido.

La bomba que tuvo la feliz ocurrencia de impedirnos en el futuro hacer del cuerpo con comodidad, había caído durante el bombardeo nocturno.

El bombardeo nocturno fue así, salvo mala memoria o exceso de afán protagonístico.

Dijeron: «hay que levantarse, que esto viene muy duro». Sonaban golpazos muy fuertes y chillidos lejanos; también raros crujidos, y de cuando en cuando el aire se apretaba dolorosamente en los oídos y las paredes parecían vacilar durante un instante. Ni los más valientes aguantaban sin tomar de la mano al más cercano; así se iban formando muy curiosas parejas que se irían a diluir para siempre apenas y el miedo nos pasara. Las explosiones producen un aire que vibra, se cuela en la casa, busca como huir de aquel reducto y choca este aire con otro aire que llega a través de otra ventana y que ha producido otra explosión. Estos dos aires, tan macizos y secos, tan directos como un puñetazo, van a golpearnos en la cara, en los riñones, en la espalda, que estaba ingenuamente desprevenida. Este aire es duro como el hierro y tiene dentro de sí un millón de alfileres que se incrustan y se hunden en la carne, atraviesan los ojos y pinchan los oídos, que agrietan las paredes, hacen daño en los dedos, entran en la cabeza. La casa está ya abierta a estos aires de metal ardiente que chocan entre sí, se precipitan de pronto a través de un orificio que antes no existía, caen del cielo como un bloque de calor muy compacto o rompen el piso de la alcoba para surgir frente a nosotros como un brazo salvaje y gigantesco que todo lo perfora y lo domina.

Es el aire el que trae gritos apretados en su profundo seno, el que trae el frío de hielo y el calor más blanco y lacerante. Hay aires que atraviesan la escena llevándose un papel o un mechoncito de cabellos rubios y se alejan como silbando y sin darse importancia, y hay un aire de explosión cercana que arranca las bisagras, impone su presencia en nuestros corazones y nos aplasta unos contra otros como si gozara en apretarnos tanto. Es el aire el que convierte un bombardeo en algo tan distinto a otra experiencia; el que se muestra de diversas maneras y mueve los armarios y derriba los cuadros y, en un cierto momento, se lleva todo el hogar entre sus manos y deja en aquel sitio un total desamparo y algún muerto.

Así, más o menos, resulta el bombardeo a mis oídos.

Después del bombardeo

Después del bombardeo la ciudad es otra.

Millares de pequeños detalles se trastocan y algunas escenografías parecen haber sido movidas de forma un poco anárquica; lo que situábamos a la izquierda está ya a la derecha, y lo que estaba en alto se ha caído.

Aparte de este cambio esencial en los elementos que teníamos tan fijados en la mente y eran como lo cotidiano y casi no visto, otras cosas cambian o se evaden.

Se producen también fenómenos curiosos que van a ser explicados de mil formas distintas a lo largo de los días siguientes; por ejemplo, cuando estalló el polvorín, cerca de la Estación del Norte, estuvieron cayendo durante horas, en la calle, trapitos blancos.

Eran como hojas de papel de fumar que flotaban en un olor acre y agudo; hojas que se balanceaban, planeaban con movimientos muy delicados y se iban a posar, con muy suave tacto, sobre el pavimento, los árboles, las cosas rotas.

El cielo se llenó de estos papelitos, tan frágiles que en ocasiones se partían en dos apenas si un poco de aire los hacía danzar con más fuerza.

Y esto no es todo; se cae una gran casa de tres pisos y allá entre los escombros, en la tercera ventana contando desde abajo, vemos una botella en equilibrio inestable pero intacta. A su alrededor se ha derretido el hierro, se quebró una gran piedra, se han quemado las grandes vigas de nogal, y la botella, sin embargo, está allí, conteniendo algo que no se ha derramado, ofreciéndose al asombro de todos cuantos pasan.

Después del bombardeo la ciudad se transforma como un puzzle terminado al que una mano sacudiera ferozmente. Nada está en su sitio, todo tiene un sitio nuevo, y el árbol al que mirábamos inadvertidamente al pasar a la escuela, ya no está.

Una bomba certera consigue que una casa muestre sus tripas y veamos cañerías, los tubos del retrete, el sistema eléctrico y todo lo demás. La casa se abre a la curiosidad pública como un cuerpo sobre la mesa de operaciones, y algunas de sus entrañas son también rojas y cálidas; otras, oscuras y podridas.

Allá en lo alto, junto a un armario roto, algo hay pequeño y claro. Y las gentes se paran en el centro de la calle y discuten si es un guante amarillo o una mano cortada.

Después de un bombardeo, en la Tenderina Baja, una casita se partió por la mitad y a la calle fueron proyectados cientos de libros viejos.

Los niños gozamos con la rapiña, cargamos los libros de hojas resecas y nos repartimos el botín, ya en plena noche.

Fue un buen saqueo; la guerra nos debía mucho y nos pagó una parte en primeras ediciones. Estaban en latín y no entendimos nada.

En algunas otras ocasiones, el bombardeo prestaba otro tipo de favores.

—Paco Ignacio, levántate y mira por la ventana. La casa de enfrente se ha caído y se ve el campo.

Los jueves, visita

Los tres hijos fuimos a visitar a Papá a la cárcel Modelo. Nos metieron, junto con otras muchas gentes, a través de pasillos fríos y de techos muy altos; al final estaban las rejas.

En los últimos metros de los pasillos la gente corría para colocarse en buenos lugares ante las rejas; pero el desconcierto era tan grande, la angustia tan profunda, que las personas tropezaban entre sí, llamaban a gritos a sus gentes, miraban sin ver.

Al fin vimos a Papá.

Estaba al otro lado de otra reja.

Entre las dos rejas, un espacio ancho, lleno de gritos, de llantos, de gestos mudos.

Los tres hijos sólo decíamos:

—¿Cómo estás, papá?

Nada más que eso.

Y mi padre, al otro lado de la otra reja, sonreía y movía la cabeza de arriba abajo.

El mejor hijo de algo es el hijo de su tiempo

Más que hijos de nuestro tiempo, somos ahijados o acaso ni eso siquiera.

Juan Ramón, ese ser solitario por dentro y por fuera, quería que lo fuéramos ardientemente; hijos del tiempo en que se vive, de su lugar en el espacio y la conciencia.

Pedía demasiado.

Nuestro tiempo tuvo unos hijos a los que fue comiendo poco a poco.

Juan Ramón podía pedir lujos, al fin que él era. También, un lujo de la clarividencia, de la penetración y del propio tiempo en que le tocó vivir.

Los otros peleaban, luchaban y morían; Juan Ramón, su modo tenía una lucha contra la oscuridad y el desaliño, contra la confusión y contra las cosas hechas.

Él era un lujo, pienso.

Hay una foto suya que todos conocemos: está sentado de perfil, ya muy anciano, con la barbita blanca y la nariz aguileña apuntando hacia abajo. Viste una bata a cuadros; detrás suyo un hombre y una mujer sonríen. Ella mira a la cámara, como agradeciendo al fotógrafo que la esté donando un poco de la gloria del hombre atormentado que está bajo su mano. Juan Ramón muy serio, está terriblemente ausente, está casi furioso. El hombre, bastante calvo, está de pie, como la mujer, y mira hacia abajo; es algo gordo. Están como posando junto a una estatua de sí mismo, este Juan Ramón de los últimos tiempos, no pestañea.

¿Cómo puedo mirarle y encontrar eco?

Es para mí imposible; personaje cerrado y cejijunto, hay que abrirse paso en la roca, Ángel lo hizo, para llegar a amarle.

Y desde su eternidad conseguida ya en vida, pedía demasiado a ese muchacho llamado Paco que sólo pretendía que los suyos vencieran, abrazar a los buenos, estar con los mejores.

El mejor hijo de algo… ¡Está bien, yo seré hijo de nada!

Pero estaré entre las otras nadas y me sentiré entre ellas esa nada estupenda, universal y fuerte que va un día a construir el algo.

Pero esto suena demasiado importante, demasiado glorioso y demasiado falso.

Tendré que volver a contarlo con menos palabras, con más ideas, como él quería.

Pero por el camino del lujo de ser tan exclusivo y tan fuera de todos, no se llega a esa unanimidad de conciencia con la que sueño.

Y después el remordimiento: ¿Cómo puedes decir que Juan Ramón no es el camino? ¿Quién coño eres tú? Contesta.

Está sentado de perfil, es una estatua y las dos personas que se fotografían a su lado. Una de ellas, la mujer con la mano en la roca; posan a pesar del afecto que le tengan, como si estuviera retratándose junto a la muralla de Ávila.

¿Sabía yo todo esto, cuando muy joven prefería a los otros poetas? ¿Acaso era ese instinto que te lleva por la literatura, como otros por la selva cerrada, evadiendo los lugares en los que el explorador se hunde para siempre?

Habría que explicar algo más sobre aquel Paco y su rechazo de la mejor poesía; pero él lo dijo: no lo toques ya más, así es la rosa y también los misterios, y hasta las confusiones no deben ser tocadas cuando todo otro manoseo sólo sirve para enturbiar más las cosas y dejarlas peor. Él hablaba de la rosa como de algo perfecto; yo hablo de mis dudas como de algo valioso. Otra vez tan distantes. Otra vez mi arrepentimiento: ¿Quién coño eras tú para no entenderle?

Tristeza que es amor

Mira cómo camina, cómo los muslos (¿lleva las ligas negras?) van cediéndose el paso, cómo se mueve el vientre algo agitado, como si desde dentro lo fueran empujando hacia arriba y abajo.

Y las nalgas. Se abren por momentos y le muestra cada una como un ser separado y distinto, después se unen en una redondez muy sólida y carnal.

Los cinco amigos miramos en silencio a la mujer que pasa.

No le hemos visto la cara; tampoco es necesario.

Ocurre que la carne hizo presa en nosotros.

Y una gran tristeza va fluyendo del pelo y cae hasta los pies y nos encharca.

Don Antonio había dicho: tristeza que es amor.

Nosotros añadimos: tristeza que es deseo.

Y decimos que el deseo es una poesía apretada y salvaje, dolorosa en la ingle, hormiguero en los dedos y en la cabeza un ruido.

—¿Sabes lo que te digo?

—Dime.

—Mejor no digo nada.

Un entierro

Todo aquel ruido, aquel correr y guarecerse, era la ofensiva. Y en medio de las bombas y los gritos, llegaron unos hombres con un féretro y se llevaron el cadáver entre seis tablas blancas. Así de sencillo fue el entierro. Nadie supo en qué hueco dejaron la caja recién hecha ni si algún cura salió del sótano para rezar con miedo. Los hombres que llegaron querían hacerlo todo muy aprisa.

—Aprovechemos este momento de relativa calma. Las columnas de humo negro señalaban los incendios y la gente con sentido de la orientación adivinaba qué edificios se estaban quemando.

Una muchacha de unos veinte años reunió en un cuarto interior a todos los chiquillos y alumbrándose con una vela, a pesar de que sólo eran las cuatro de la tarde, se puso a leer en voz alta un cuento de hadas y de brujas. Por eso no vimos salir a aquellos hombres con la caja y yo no puedo describir, ahora, el entierro. Sé que era una camioneta la que llevó el cadáver y que en ella había ocho o diez féretros más; me lo dijeron.

También supe que uno de los enterradores cayó muerto, con la cabeza rota, sobre la tumba que estaba excavando y que fue enterrado, ese mismo día, en el agujero que él mismo se abrió.

Y todas estas cosas se decían cruzándose con el cuento de hadas, ya que las conversaciones en el pasillo entraban en el cuarto interior a pesar de que la lectora elevaba la voz y nos decía que la bruja había terminado por caer vencida o envenenada gracias a la manzana salvadora.

Y ya en la noche mezclábamos las cosas y la bruja se llevaba la caja y el hada sollozaba sobre la camioneta mientras a su alrededor todo estallaba en flores y en ramajes.

Siendo ya un hombre casado y con hijos, me encontré a la lectora en una fiesta y me dijo que aquellos niños no parecían interesarse por los cuentos y que en ocasiones, mientras ella leía, se le escapaba alguno y teníían que ir a buscarlo, ya que se encontraba mirando la ciudad a través de los cristales rotos.

La ciudad, envuelta en humo y en estallidos enormes, en polvo de casa derribada y en el silbido largo de las balas.

Respecto al entierro poco más puedo decir; fue todo tan fugaz a pesar de los llantos, que apenas si recuerdo a los hombres que miraban su reloj y apresuraban la despedida.

—Aprovechemos este momento de relativa calma.

La lectora nos dijo, me supongo:

—Estaros quietos, la familia tiene ahora otras cosas en qué pensar.

Bofetones al moro

En la casa vivía una joven de pelo rubio que se había enamorado de un falangista de bigote negro, de pelo aplastado y de muy fino rostro.

Si los hubiéramos podido ver desnudos habrían formado bella pareja; pero ocurría que él usaba una camisa azul y ella iba de luto porque a su padre lo habían fusilado sin juicio los fascistas y sin dejarle, tan siquiera, gritar de furia.

Todos los rojos y rojitos de la casa mirábamos a la rubia con una cierta rabia y ella lo notaba y bajaba los ojos cuando estaba con su novio en el portal y alguien entraba o salía.

Por aquel tiempo yo no sabía gran cosa del amor y ya sabía bastante de traiciones; así que no perdonaba a la muchacha.

La rubia se llamaba Maruja.

Una tarde estábamos en la acera, hablando entre nosotros de cosas importantes, cuando se acercó un capitán de regulares y saludó al falangista y a la rubia.

Nosotros bajamos la voz y nos alejamos unos pasos, como convenía. Yo recordé al capitán que era alto, muy fuerte, llevaba una fusta en la mano y hacía muy poco que se había lustrado las botas.

Lo recordé, quiero decir, unos días después cuando le vi pegar un bofetón a un moro.

En el portal estaba la rubia y el falangista y yo les dije:

—Su amigo, el capitán de regulares, acaba de pegar un golpe en la cara a un moro.

—¿Qué le había hecho el moro?

—Nada, creo que nada.

El falangista me miró muy serio y me dio una lección de disciplina:

—Mi amigo dijo, sabe lo que hace; lleva muchos años de tratando con los moros.

Después el falangista me tocó suavemente la espalda y miró a su novia para recibir como premio una sonrisa.

En Babel

—Mucho rojo en Asturias, mucho rojo. Señoras no rojas.

El moro limpiaba con aceite su fusil sentado en la acera.

A su alrededor los niños hacían un corro asombrado o confuso.

La señora había dado, un instante antes, al moro, un gran escapulario bordado y el moro se lo había guardado en el bolsillo.

Babel, el antiguo cabaret de la avenida de Galicia, era ahora un cuartel para los moros.

Los moros no parecían asombrados por nada, miraban las cosas y se guardaban los más raros objetos dentro sus chilabas estupendamente concebidas para la rapiña.

—¡Niños rojos también!

Y el moro mostraba unos dientes enormes, riendo; pero los muchachos, por si las moscas, retrocedían un poco.

Había un moro muy alto, casi negro, al que habían bautizado las señoras y con ese motivo le regalaron ropa, y algunas chucherías.

—Ya ocho veces bautizado yo.

—No lo digas; te lo quitan todo.

Algunos moros eran jóvenes y parecían muy tímidos.

—No te fíes; ese que parece que no mata una mosca lleva, en una caja de pastillas para la tos, la oreja de un cristiano.

El moro del fusil lo limpiaba con un esmero muy femenino, como si estuviera sacando brillo a un cacharro de cocina.

Las señoras los visitaban para que la vida de los moritos no fuera demasiado dura. De vez en cuando las damas se llevaban un susto del carajo:

—Y tú, ¿estás casado?

—Sí, sí, yo estar casado.

—¿Y tu mujer?

El moro reía alegremente, a carcajadas y respondía como si hablara con una tonta:

—No, no mi mujer. Tres mis mujeres.

La señora que había preguntado se quedaba con la boca abierta y su amiga le decía, bajando la voz:

—No preguntes, Matilde, no preguntes.

Al atardecer un moro se ponía a cantar, sin dejar de sujetarse al fusil entre los brazos. Era un canto muy triste y muy igual que algún otro moro alegraba batiendo palmas con un gesto muy reconcentrado.

Las señoras les decían «los moritos».

Algunas habían patrocinado a un morito en especial:

—A nuestro morito le hemos comprado una maleta de segunda mano.

Los muchachos recibían las más raras lecciones de geografía humana:

—¿En tu tierra, hay camellos?

—Camellos, no; cabras sí.

Los muchachos se hacían conjeturas: «¿De dónde será éste?».

El anciano que tomaba un vaso de vino y nos enseñaba a batirnos con un florete que era una rama de árbol, tenía una respuesta:

—Son de casa el carajo. Son cabrones.

Pero la cosa no era tan sencilla; un moro nos regaló un reloj despertador que funcionaba.

Otro moro daba a los niños latas de sardinas en aceite.

En el enorme patio en el que se lavaban, rezaban y comían, los veíamos, un poco desde lejos, colocarse el turbante amarillo o atarse largas tiras de tela en las piernas.

Les gustaban las cosas más extrañas; sobre todo candelabros, estatuas de escayola de mujeres desnudas, las pistolas y todos los cuchillos, aún los de cocina.

No sabían en dónde estaban.

—¿El moro está en Asturias o el moro está en España?

—En las dos partes.

—No, no, mentira.

Y los niños explicábamos que una estaba en otra, haciéndonos un lío, porque todos hablábamos al mismo tiempo.

Había moros con barba que ya eran cabos y otros jovencitos que parecían tener miedo y se juntaban en grupos, sentándose en el suelo, y mostrándose cosas que habían robado.

Algunos casi no hablaban español y miraban a las gentes con el ceño fruncido. Les habían dicho cosas terribles del asturiano y jamás caminaban solos, sino en grupos.

—Yo capar rojo asturiano.

Y los muchachos nos quedábamos espantados y queríamos devolver la lata de sardinas.

Desfilaban tocando las trompetas y los tambores y mostrando unas pequeñas banderas, banderines, que tenían la enseña del tabor o de la compañía.

Los veíamos y no los podíamos creer; eran como los villanos de Salgari, pero de alguna forma no dejábamos de tenerles una cierta y difusa simpatía. Esto era motivo de nueva desazón.

Cocinaban en un patio enormes calderos de comida.

Los muchachos sabían ya muchos secretos:

No comen cerdo, no beben vino, pero violan a las mulas del regimiento.

A la hora de oírlos cantar, en el atardecer, las terribles historias de violaciones, la oreja en la caja de pastillas, el relámpago estremecedor de una risa entre dientes blancos; todo parecía perderse para dejar paso a una nostalgia muy rara y especial.

Cantaban sentados en el suelo y uno marcaba el ritmo con las palmas. Los muchachos, en silencio, escuchábamos asombrados.

Aquellos hombres tan oscuramente impenetrables, tan dados a la guerra, cantaban para todos los que habían dejado atrás.

La señora que les traía regalos, decía al marcharse, muy contenta:

—Son como niños.

Y el viejo del vino:

—Sí, sí; ¡hostias!

El moro loco

Hacía ya semanas que estaban los moros en Oviedo, cuando una mañana uno de ellos se volvió loco.

La noticia brujuleó entre los muchachos y espantó a las mujeres que comenzaron a recoger chiquillos de las calles de Cervantes y de Asturias. Se oían gritos desde las ventanas:

—¡Benjamín, ven para casa que hay un moro loco!

Llegaron unos falangistas con la gorrita azul inclinada sobre la oreja y la borla bailando en el aire; traían pistolas desenfundadas, usaban cinturones con grandes hebillas y correaje sobre el pecho, además de la camisa azul.

Nadie sabía en dónde estaba el moro loco, pero se decía que había matado a un sargento degollándolo de un tajo con la bayoneta.

La calle estaba cuajada de rumores y sobresaltos.

Que se había escondido en un sótano, que estaba en un tejado, que había salido corriendo hacia la calle Uría, que era un moro viejo de barba, que era joven y que no hablaba español.

Los falangistas comenzaron a registrar las casas y otro tipo de pavor encendió los corazones de quienes tenían padres, parientes, amigos escondidos.

Los falangistas decían, muy arrogantes: «Estén tranquilos, los moros respetan a los falangistas». Y entraban en los portales con la pistola en la mano, gritando:

—¡Sal de ahí, Mojamé!

Pero el moro no aparecía.

Entonces llegaron otros moros, con fusiles, y comenzaron a moverse con cautela; éstos sí le temían al loco. Se veía que no querían encontrarse con él cara a cara.

También llegaron oficiales de la Legión, con la camisa arremangada y enormes patillas. Un oficial del tabor de regulares dijo que los legionarios no tenían nada que hacer allí. Desde las ventanas veíamos a los moros y a los legionarios frente a frente, hablando muy altivos los jefes, los soldados escuchando con el arma en la mano.

Los falangistas habían perdido gran parte de su entusiasmo y ya no registraban los portales.

Entonces los legionarios se fueron caminando por el centro de la calle, bajando por Conde de Toreno, golpeando con los pies los trozos de ramas caídas en el suelo.

Los moros se desplegaron en silencio y los falangistas ya no hacían nada, sino mirar.

Al poco rato apareció un grupo de moros que traían entre ellos a uno con las manos atadas.

Lo metieron en el viejo cabaret llamado Babel, que habían convertido en campamento y ya no supimos más de él.

Dijeron que se lo habían llevado por el Escamplero y que lo habían fusilado; pero no sé si será cierto.

El moro que se quiso casar con una puta

La cosa nunca estuvo muy clara; parece ser que el moro pidió permiso para casarse en Oviedo y que el comandante se lo denegó.

Después intervino la junta de señoras que atendían a que las fuerzas africanas no se sintieran desamparadas en tierra de cristianos y entonces autorizaron la boda.

La novia, se dijo, estaba dispuesta a no consentir, si el moro no se hacía católico, y el moro aceptó ser bautizado.

Por lo que se contaba en el barrio la novia había conseguido traer a un pagano a la verdadera religión y esto acaso haya sido lo que movilizó tanto entusiasmo alrededor de la boda y de los prolegómenos.

Sin embargo, las cosas se estropearon, súbitamente, cuando las señoras supieron que la novia era puta y que seguía ejerciendo las actividades propias de su negocio.

La gente comprensiva afirmaba que si la novia seguía puteando era porque quería reunir un poco más de dinero, para poner un restaurante, con su marido, en Ceuta.

El moro, al que nunca conocí, le parecía bien que su futura esposa pensara en el mañana.

A las damas que atendían a los moritos todo esto les sonaba a escándalo.

—Es que lo menos que se le puede pedir es que se regenere.

Pero ella no se regeneraba y el moro no se hacía cristiano mientras no supiera, claramente, lo que daban las señoras por cada católico conquistado.

La puta, el moro, las damas y el comandante tuvieron una junta que debió ser deliciosa.

La puta quería el restaurante en Ceuta, el moro pedía cuatro mil pesetas y un traje de civil, con sombrero; las damas aconsejaban a la puta que dejara su negocio, ella se negaba a abandonar la casa mientras no estuviera claro su futuro y el comandante terminó enfadándose y diciendo una grosería tan grande, que las damas le acusaron de ser digno de la zona roja.

Y no hubo boda.

Pero desde entonces la puta era señalada por todos, en Oviedo, con un gran respeto o, por lo menos, con una gran curiosidad.

—Mírala, es la puta que se quiso casar con un moro.

—¿Y el moro?

Extraña cosa, no se volvió a hablar de él y parece que jamás se hizo cristiano.

Una dama que estuvo en mi casa comprando a mi madre el reloj de pared que teníamos, le dijo, muy atribulada:

—No merecía esa bendición.

El moro que se quiso casar con una puta fue tema de conversación entre los amigos que tomaron diversos partidos, según su grado de politización, de ateísmo y de misterioso respeto por la prostitución nacional.

Sin embargo, y en líneas generales, la actitud del moro fue mejor comprendida que la actitud del comandante y de las damas.

A éste se le señalaba falta de rigor en su análisis del temperamento moruno y a las señoras se les acusaba de contradictorias.

Primero: traen los moros de África.

Segundo: abren casas de putas en Oviedo.

Tercero: Dan un traje a cada moro que se bautice.

Cuarto: Patrocinan las bodas de militares.

Los amigos nos mirábamos, después de haber desarrollado toda la situación y nos decíamos.

—Entonces, si las cosas son así; ¿por qué coño se tienen que meter en cama de la novia?

Sin embargo parece que el punto de vista de las damas que habían tomado a su cargo a los moritos no era el nuestro.

Cuando pasé por Ceuta andaba yo mirando los restaurantes y preguntándome: ¿Habrá conseguido el moro otra puta en Oviedo?

Tiempos normales y tiempos de guerra

Nunca volvieron los tiempos normales; éstos son tiempos nuevos. Aquellos años anteriores a la guerra civil no pudieron ser recompuestos jamás, se quebraron con el primer disparo y fueron a estrellarse contra el suelo, los pedazos dispersos.

Tenemos de los tiempos normales una memoria interceptada por terribles acontecimientos, vapuleada por tantas emociones y tanta acusación; la memoria de un paraíso en que la familia estaba reunida y no faltaba nadie.

Esa era la normalidad, que se vestía con otras prendas menos importantes que, sin embargo, se fueron cargando de símbolos: los objetos que tuvieron que ser vendidos, la ropa de material honesto y duradero, los paseos a campo abierto sin miedo a los aviones, la voz del padre que grita o canta sin recelo alguno.

Después del tiempo normal vino la guerra: cayó más bien la guerra, y más tarde, poco a poco, fueron apareciendo los nuevos tiempos.

A éstos, bien se sabe, siguió el tiempo actual; de éste que hablen los actuales.

Los tiempos de guerra fueron vendidos como gloriosos e importantes, sobre ellos estaba Dios y también la

Historia, y la gente de orden, acomodada en su cima, bendiciéndolo todo.

Los tiempos de guerra llegaban entre banderas y cuando pudimos separar tanta tela ondeante, fuimos a descubrir que eran tiempos de negocios, de usura, de asuntos turbios y de banqueros que contemplaban todas las Españas como un negocio bueno y próspero.

Estos tiempos eran tan siniestros que nos fuimos marchando y dejándolos solos con su presa.

La barca de oro

Al colocar las manos sobre el hombro del amigo, se recibe una curiosa capacidad orfeonística que momentos antes era desconocida; es como si al grupo lo recorriera una nota de diapasón que pasara por sus brazos, entrando, saliendo y afinando todos los cuerpos y luego las gargantas.

El grupo de amigos forma un círculo y los brazos se entrelazan a la altura de los hombros para que la nota de diapasón los entone a todos y no se pierda con la ruptura de esta circunferencia cantora.

Yo ya me voy
al puerto donde se haya
la barca de oro.

Y la canción se va estableciendo formal y nostálgica, cadenciosa y llena de amor a todo lo divino y a todo lo humano y a todo lo demás.

Es estupendo y no tiene nada que ver con el vino tinto, ni con el chigre en el que estamos, ni con nada; excepto con el corro de cantores que se apoya en sí mismo y deja que la melodía salga muy armoniosa a pesar de que los cinco cantan mal y lo saben.

La barca de oro
que debe conducirme.
Yo ya me voy.
Sólo vengo a despedirme.

En Asturias cantar es un problema de solidaridad, clanes y familias; un enemigo desentonaría al grupo, rompería el círculo y la barca de oro se iría hundiendo en el doloroso mar de las notas falsas.

A pesar del nombre, la barca de oro no es wagneriana, sino producto de un cosquilleante sentimiento de huida que hormiguea en el fondo del corazón de todos los asturianos y que adquirió calidad de esperanzada ilusión con la derrota de los más nobles.

La barca de oro fue, por esto, aceptada como canción de escape después de la guerra y convertida en el himno de una imposible emigración en masa que llevaría a las inmensas muchedumbres de dolientes en una navegación sideral y canora sin precedentes en la historia del hombre.

Se cantaba no tanto a la mujer que se iba a quedar, para siempre adiós, como a la patria que se quería abandonar dejándola sin poder escuchar jamás mi canto; el canto de todos.

No volverán tus ojos a mirarme.

Y cantábamos entrecerrando también los ojos nuestros para reprochar con más intensidad y justeza la injusticia de un país que había permitido cosas tan injustas. El país se lo pierde; no volverán sus ojos a mirarnos, porque nos iremos en esa barca de oro que se inunda en llanto.

Cantábamos todos apretándonos en círculos afines y heredando sin saberlo, otros miles de barcas que surcaron en su día la poesía española o que sujetas a la orilla por diversas cadenas y cordeles emocionales intentaban aprovechar la mínima ola para romper la amarra y emprender el viaje.

Los poetas de la generación del veintisiete tenían su barca dorada siempre situada entre el vuelo y la angustia de abandonar las costas del corazón.

Pero ahora los españoles hijos de los españoles derrotados o muertos, habían perdido esa retención final que el amor a tierras y costumbres venía impidiendo tanta marcha y nos queríamos ir.

A falta de un himno de la inmigración masiva, a falta de un puente que cruzara los océanos para llevarnos a un país sin derrota, a falta de ese camino que se abriera en el mar y nos permitiera abandonar el triunfo enemigo, nos reuníamos a cantar lo doloroso que sería dejar a España sin los mejores.

Adiós, mujer, adiós para siempre adiós; no volverán tus ojos a verme, ni podrás escuchar de nuevo este cantar, y soñarás con nosotros cuando nos hayamos ido y entonces sabrás que te estás quedando sin la sal de tierra y nosotros, a pesar de todo, iremos llorando en esa barca de oro que fingimos cada noche si es que el dueño de la taberna permite cantar, porque en muchas partes ni cantar se permite y por eso había barcas de oro individuales y silenciosas que desatracaban en un inaudible chapoteo de la mesa en la que el grupo de amigos sin cantar cantaban.

Y buscábamos en todos los poetas que íbamos frecuentando ese mismo sentimiento contradictorio y tan lleno de inquietudes y encontrábamos que la barca de oro fue siempre barca dispuesta en el alma de los más amados.

JUAN RAMÓN: ¡Aquella rosa que pasó la mar, tan leve,
con tan suave vida!

JORGE GUILLÉN: Siento en la piel, en la sangre,
—fluye todo el mar conmigo—
una confabulación
indomable de prodigios.

DÁMASO ALONSO: Me podrían enterrar
En el amado elemento.

JUAN LARREA: La mar vieja muchacha
Se aparta dulcemente.

GERARDO DIEGO: Y el mar me fue ofreciendo
Su muestrario de espumas.

FEDERICO: El mar
sonríe a lo lejos.

ALBERTI: Sobre el mar que te influye hasta hacerte sa-
ladas las palabras.

FERNANDO VILLALÓN: Hice rumbo a la mar para aho-
garte.

EMILIO PRADOS: Otro barco en mi pecho su movimiento imita,
—¡Doblé siempre mi alma en su imagen dispersa!—
Sus barandas arregla para la despedida
y su timón prepara para el alba que espera.

ALEIXANDRE: Tú no sabes

que ese mar tan arriba
es ya cielo.

MANUEL ALTOLAGUIRRE: Mi nuca negra es el mar
donde se pierden los ríos.

LUIS CERNUDA: Aquella noche el mar
no tuvo sueño.

Y mi León Felipe, cuando yo le decía algo inconve-
niente que le hacía reír: Vosotros los asturianos estáis
hechos de mar y de burradas.

Yo me volvía muy filosófico, de pronto:

—Todos llevamos el mar por dentro, León.

Él volvía a reírse, acariciaba su enorme bastón de nu-
dos y me decía malvadamente:

—Eso no lo repitas; también las caracolas llevan el
mar por dentro y están huecas.

Y reíamos todos muy divertidos.

Cuando yo conocí a León ya había tomado la barca
de oro y se había ido (venido) al otro lado del mar.

La barca de oro tuvo mucho trajín al final de la guerra; pero ya no era la barca rutilante, sino un barco con
la cubierta húmeda de lágrimas.

Voy a inundar los mares con mi llanto,
adiós mujer, adiós para siempre adiós.

Cantábamos inundando los mares con nostalgia,
mezclando el vino tinto con los acordes y los caldero-
nes, levemente sugeridos, porque ni aun en este trance
lírico éramos capaces de tanto prodigio como el calde-
rón exige.

Desde un mostrador el chigrero preguntaba con un gesto si ponía otra botella y uno de nosotros, sin perder el ritmo ni desacompasar la voz, hacía un movimiento afirmativo.

De vez en cuando se nos unía un espontáneo y había que romper el cerco que nos separaba de los otros, para darle un lugar en el corro cerrado y dejarle que cantara, pero sin extralimitarse, ya que muchos asturianos tienden a la zarzuela y a las notas altas que son una joda para los demás.

No sabíamos aún que estábamos a punto, todos, de tomar la barca de oro y marcharnos de Oviedo. (Pero lo intuíamos).

No sabíamos que nos estaba esperando a la orilla del mar, balanceándose y siendo de oro unas veces, como esa ilusión de cuento de hadas, y otras de metal arrugado y áspero. (Pero la soñábamos).

Ahí estaba y nosotros sin saberlo (sabiéndolo).

No volverán tus ojos a mirarme
ni tus oídos
escucharán mi canto.

Entonces Ángel murmuraba por lo bajo, muy sacristanamente: Oídos privilegiados.

Y el coro estallaba en carcajadas y los abrazos se rompían y nos íbamos hacia la nueva botella de vino que ya estaba descorchada pero con el corcho puesto y muy inclinadito.

—Es que somos una nación de gente que se va.

—Es cierto; los Estados Unidos es una nación de gente que viene.

Fuimos los amigos, tantos años después, a buscar la

taberna en donde cantábamos la barca de oro y la taberna se había marchado.

—¿Y eso?

—¡Uf!, la quitaron hace años. Mire, estaba allí, en donde ve aquel edificio tan alto.

Seguro que el chigre entero, con todo y nuestros fantasmas, se fue en la barca de oro que caga al moro.

Yo ya me voy al puerto donde se haya.

Y nos fuimos marchando todos poco a poco y al volver no conseguíamos aceptar que también la taberna se había ido.

—Pero es que estaba aquí.

—No, no, un poquito más allá. Justo en donde está ahora esa casa de diez pisos.

—¿Qué buscan los señores? (Ya somos los señores; malo).

—Buscamos un chigre pequeñín.

—Ah, ya caigo.

Y nos dice que sí estaba pero que no está. Que ya se murió el chigrín que acarreaba las canciones.

—¿Vienen ustedes de América?

—Sí, de América.

—Buen país.

El vecino se abre de alma y nos cuenta que él también entraba en la taberna, hace años, y que la chigrera no estaba mal, no estaba nada mal.

—¿Ustedes no la recuerdan?

Hacemos esfuerzos y él nos mira un poco sorprendido; ¿cómo es posible recordar una taberna y olvidar a la tabernera, cuando ésta tenía dos pechos que eran más o menos así?

Nos apresuramos a recordar los dos pechos y eso tranquiliza al ovetense.

—Ya sabía yo que no podían haberlos olvidado.

—También se los llevó la barca.

—¿Qué barca?

Amaro, recordando a Benigno que no está ahora con nosotros, tiene un gesto literario al alcance de todos.

—La Barca de Caronte.

El oventense nos mira, hace un esfuerzo y confiesa:

—No lo conocí.

Pero añade, para no perder su sitial de entendido:

—El marido se llamaba Nicanor.

Y aquí estamos, frente a un edificio feo, alto, helado y ya anunciando su propia muerte, que mantiene en los bajos una boutique de nombre «Ruiseñor» y una tienda de trajes para varones de todas las edades.

El ovetense piensa que esta situación ha llegado a su límite y hace un gesto como pidiendo disculpas por la ausencia del chigre.

—Es que las cosas no son como eran. Buenas tardes.

Nos despedimos y se va.

Pasa un avión muy alto sobre el cielo de Oviedo y yo lo miro, abriéndome de pies sobre el asfalto.

Barca de oro, avión en lo alto, adiós para siempre adiós.

—Este capítulo te salió muy bien. Lírico e informado.

Yo miro al amigo que me observa por encima del hombro mientras escribo y sospecho que me está tomando el pelo.

Pero no, él también ha sido tocado por la barca y tiene ganas de cantar.

El Escamplero

Fue un camino de muerte que se abría y se cerraba según los ataques, ofensivas y derrotas; fue también un nombre que cubrió todo un tiempo de guerra. Desde el punto de vista de las artes marciales, el Escamplero fue un paso abierto en las líneas republicanas a través del cual los franquistas entraron en Oviedo y suministraron refuerzos, alimentos y armas.

Para mí, sin embargo, el Escamplero fue una estrecha senda de fantasías, misterios y terrores. Yo soñaba con el Escamplero.

Garganta estrechísima rodaban por ella los camiones desvencijados y desde lo alto las fuerzas de mi padre les tiraban piedras enormes que caían entre estallidos de polvo y nubes grises; los camiones avanzaban en largas filas oscuras, ronroneando y parándose, de cuando en cuando, a descansar, a rumiar su gasolina negra. Algunos se quedaban allí, súbitamente muertos, y entonces los otros camiones se desviaban ligeramente, tocando con uno de sus costados la pared de piedra viva y crujiendo con el roce. Este avance tan lento se producía abriéndose camino entre curvas cerradas y lugares tan estrangulados que sobre los camiones rodadores, allá arriba, desde los dos extremos de las altísimas paredes, los mineros de ambos bordes hablaban entre sí y señalaban en el fondo, el desplazarse de los monstruos pesados y ya heridos.

Quisiera observar, también, que en estos camiones van soldados y que llevan banderas polvorientas.

El paso del Escamplero es silencioso y sólo los motores y las piedras conforman ese sordo estruendo del mar agazapado, que se escucha.

Todo es gris y sucio; las banderas, los soldados que miran hacia arriba, las rocas que van cayendo y rebotando, el gesto del minero que en lo alto mueve los brazos cuando acierta y hunde al enemigo.

Todo está sucio en el Escamplero y nunca nada está inmóvil.

Es una cinta viva que se mueve y se mueve entre las dos vertientes o entre las dos paredes.

Qué distinta esta estampa a la de aquellos árabes de caballos blancos que llegaron a Asturias, avanzando entre perfumes y sedas verdes. Estaban a dos pasos del mar, cuando desde lo alto, aquellas gentes sin sentido estético, les lanzaron las piedras y terminaron con todo.

Entonces el Escamplero se mezcla con el pasado y son dos sueños recurrentes que un día tendré que consultar con alguien que maneje los símbolos, el lenguaje iconográfico y las pesadillas infantiles.

En ocasiones sueño a los árabes dorados bajo el sol y, de pronto, la piedra de Pelayo que se derrumba como una montaña.

En otros sueños los lentos camiones cargados de rumor de motores, los que avanzan rompiendo para siempre la esperanza de que mis gentes ganen.

De cualquier forma, estos dos sueños terminan con la historia y crean otra historia.

Yo digo que peor.

Para parar las aguas del olvido

Yo vi entrar a los mineros en Oviedo, por la calle Cervantes, un día del mes de octubre del año mil novecientos treinta y cuatro.

Delante de todos, casi el primero, iba un minero negro con cartuchos de dinamita en la cintura.

Mi hijo Paco Ignacio dice que no, que no es posible, que no hubo ni un solo minero negro en las minas por aquellos tiempos. Mi hijo ha estudiado tan profundamente la Revolución de Octubre que no hay negro que se le escape.

—Papá, tienes que estar equivocado. Por causa de tu minero negro revolví un millón de nóminas de pozos de carbón.

Pero yo lo recuerdo, lo veo desde arriba, desde la ventana que yo ocupaba y que aún existe; ventana que es balcón, por cierto.

—Pues no hubo minero negro.

—Pues lo hubo; lo vi.

Lo veo muy bien, muy alto, muy seguro, caminando por la calle, rodeado de otros muchos mineros.

Y contra mi recuerdo se alza la historia.

—No lo hubo, papá.

Entonces, me digo ahora, ¿de dónde sale mi minero negro? No con cara tiznada, sino de raza negra, ¿con qué sueño se cruza mi recuerdo?

Y aun cuando sea negado por este joven historiador que sabe más de la historia que quienes la vivieron, yo contaré aquí cómo lo vi tan claro, a pesar de que era negro, como el sol.

Lo vi así:

Entraba con la camisa blanca y encima un chaleco de algún traje algo viejo, con la espalda de satén muy brillante y esa hebilla que une los dos extremos de dos cintas con las que el chaleco se ajustaba a las medidas de su propietario o se aflojaba en los días de grandes comilonas.

Llevaba ese chaleco, el negro, sobre la camisa que era de rayas finas y estaba arremangada sobre el codo. Usaba una boina muy pequeña, con el remate capado, y arrastrada hacia atrás, muy en la nuca.

Tenía la piel muy negra y los dientes muy blancos; fumaba un mataquintos liado sin cuidado y muy gordo en el centro, lo llevaba en un ángulo de la boca, para poder hablar con los camaradas.

Usaba pantalón de tela muy áspera y dejaba asomar las botas que llevaba manchadas de barro rojizo y atadas con unos cordones gordos, resistentes, rematados con dos puntitas de metal blanco.

Los cartuchos de dinamita eran oscuros y largos, con la mecha más clara. Se los había ajustado en la cintura con una correa muy resquebrajada y sujeta por una hebilla enorme de color amarillo.

Los codos del minero negro eran algo amarillos.

También el blanco de los ojos lo era.

Sus amigos lo miraban muy orgullosos y le dejaban que ocupara el centro de la calle.

Todo esto yo lo vi, desde un primer piso, en la calle de Asturias, un día de octubre.

Y lo repito ahora para parar las aguas del olvido que me están llevando tantas cosas de forma muy taimada; no como una avalancha o una crecida, sino como quien lava los recuerdos y en cada lavadura se lleva algo de la superficie y jamás lo devuelve.

De cómo un dictador engendra dictadores

El dictador que está situado en la cima del país y de sí mismo destila una sustancia verde y venenosa que se va desplazando país abajo, y tocándolo todo y convirtiéndolo en una cosa sórdida y esencialmente hipócrita.

Es como un volcán de lavas frías y viscosas que parecieran ese líquido que surge de las heridas que no se cierran nunca y que recuerdan la boca abierta de un perro atropellado que va dejando sobre la calle su última saliva.

La lava, líquido y saliva discurre hacia abajo y se comporta como el semen de la dictadura que engendra dictadores sin que nos demos cuenta.

Llega el líquido, lava o saliva hasta el último rincón del país viejo y transforma a un hombre apacible que jamás vio al dictador y que piensa de sí mismo que sigue siendo libre.

Así es como surgen los guardias con acento furioso que ordenan en una aldea a la muchacha ingenua que use la falda larga.

Y por eso un día un maestro golpea con una vara a un alumno, sin saber que ya ha sido tocado por la sustancia del que dicta.

Llega la lava fría, deslizándose hacia abajo, sin frenar un segundo, hasta una casa pobre, en la esquina más apartada del país, y el padre se levanta y golpea en la cara al hijo que usó mal la cuchara.

Desde arriba hacia abajo van cayendo sobre los descuidados las sucesivas olas de patadas, bofetones, reprimendas, artículos de fondo, órdenes breves que mandan hacer esto y no hacer lo otro, gritos para que todos marquen exactamente el paso, y ya en la última instancia un tiro en la cabeza y a otra cosa.

Cuando ya todo el mundo ordena y manda sobre los que están un centímetro más abajo, se considera que la dictadura se ha consolidado y el dictador está seguro sobre ese inmenso cono de sucesivos pequeños dictadores que, siguiendo su ejemplo, usan la mano dura y niegan a los otros cualquier posibilidad de dudar o reír.

Y así es como el dictador llega a todas partes y la sustancia verde contamina hasta esa madre que vigila a su hijo en un parque remoto y, de pronto, porque el hijo amado manchó con tierra la camisa, recurre al golpe seco dado sin compasión.

Y a pesar de que todo está claro y quien tiene la culpa es sólo uno que ha envenenado a tantos miles sacándoles del fondo de su mal lo peor de sí mismos; a pesar de que no hay duda, las gentes que viven en la dictadura no se dan cuenta y pueden afirmar que el orden es lo importante y que toda letra entra con sangre y allí se queda.

La joven estudiante, el muchacho que rema, el aprendiz de librero o cualquier otra gente de poca edad aún, dice muy convencido:

—A mí el dictador nunca me hizo daño.

Y sonríe feliz, pensando que está ajeno a la lava, saliva o líquido infectado; cuando no es así.

Porque el último golpe recibido, la última patada, el último grito tiene por causa al dictador.

Cuando un guardia me impuso una multa por besar a mi novia en el parque, yo dije: «la culpa está en El Pardo.»

Cuando un sargento golpeó en la cara a un soldado, yo dije: «la culpa está en El Pardo.»

Cuando una mujer impidió que su hija se casara con un joven que usaba el pelo largo, yo me dije: «la culpa está en El Pardo.»

Siempre estuvo la culpa allá arriba, y resultaría un error estar contra la madre, el guardia o el sargento, que son producto del veneno y no conocen la forma de defensa.

Pero nosotros la sabíamos; era decir que no.

A todas horas, contra toda persona que funcionara con autoridad y gesto altivo.

Era decir que no a gritos, en voz baja, en silencio, escondiendo la cara, fingiendo una sonrisa; era llegar hasta el final del no profundo, hasta el fondo de la letra redonda con un no tan total que cubriera al país y te permitiera seguir vivo.

—Yo no me metí en nada y el dictador no me hizo daño.

Dijo aquel hombre que acababa de negar a su esposa el derecho a ir al cine con amigas.

—Durante la dictadura yo no sentí la presión y dije lo que quise.

Asegura en el casino el hombre que ha pedido que corten las melenas a todos los maricas.

Y lo dicen sin saber que están contaminados.

Que son un producto engendrado por ese dictador al que disculpan.

Y ahora, cuando ya la dictadura ha muerto, yo me pregunto cómo pueden sacarse a tanto dictador que llevan dentro los hombres que se dicen no manchados.

Un sueño

Llega el sueño horadándome desde el que fui cuando cumplía los catorce años y estaba en la cama, encapullado en edredones y sábanas; viene atravesando todo lo que fui y soy, hasta llegar a la noche de este hombre cincuentón que recupera aquel primer sobresalto y repite el gesto de miedo, de encogimiento y desvalimiento.

Llega el sueño apareciendo de pronto, después de haberse ocultado durante largo tiempo, y surge mostrándose tan exacto a sí mismo como un grabado lo es de otro grabado hecho con la misma plancha.

Imagen con poco movimiento se repite a lo largo de la vida y se asoma mostrándose cuando yo fingía haberle olvidado y él fingía haberme abandonado.

Viene el sueño desde un primer día que ya no recuerdo y tomando imágenes de ciertas sueñencias que se sobreimpusieron a la vida misma y se quedaron como vivido y para nunca olvidado.

Aparece el sueño cuando ya ni lo sueño y me invade de pronto, marea súbita y atropellada que surge de todos los vacíos.

Aquí está el sueño, en mí.

Así es el sueño:

Desde muy lejos se acercan los aviones; al principio son unas manchas sin sonido, después se anuncian detrás de un furioso ronroneo.

Yo sé que vienen a bombardear y busco en dónde esconderme. Pero todo lo que encuentro es un grupo de palmeras altas y delgadas.

Ya están encima y dejan caer las bombas. En ese instante, despierto.

Hacia el último capítulo

Estoy en las cuartillas del estribo; hay que hacerse a la idea de que el escritor debe decirles adiós a sus lectores.

Pero el escritor no se resigna y mira dentro de la máquina de escribir, por si allí hay algo perdido o prendido y puede rescatarlo.

Yo le digo al escritor que se conforme, ya no le queda mucho; que abandone la idea de seguir y seguir avanzando, hacia atrás, por aquellos años tan llenos de escozores. Él responde que no.

Entonces yo le digo al escritor: tendrás que hablar de la fabada.

Y él: es que el tema es demasiado folklórico y se presta a entrar en otro tipo de libro.

Yo: no podrás escapar de la fabada.

El escritor: está bien, me rindo una vez más ante la fabada.

Y entonces, ya de acuerdo, establezco un proyecto de biografía sumaria, a la asturiana.

«Cuando se perdió la Revolución de Octubre en Asturias, yo tenía diez años; cuando comenzó la Guerra Civil, yo tenía doce años; cuando terminó la Guerra Civil, yo tenía quince años, y cuando, al fin, pude comer una buena fabada, ya había cumplido los diecinueve.»

Supongo que para un joven de hoy este resumen debe resultar extraño, ya que reducirlo todo a la bélica y a la gastronomía es como amalgamar dos mundos demasiado dispares. Habría que explicar cómo durante los años cuarenta la palabra fabada se había convertido en algo colmado de ritos y acatamientos. Por esos años, hablar frívolamente de fabada era tanto como desatar las iras de los ovetenses.

La fabada es un dispendioso sueño al que nadie se atrevía a llegar, del que se hablaba con un enorme respeto y que venía envuelta en recuerdos amorosos y familiares.

—Tenía yo una novia morenita y una vez invítela a fabada. Eso fue por los años veinte.

O bien:

—*Les fabes eren como almohades;* así de grandes.

—Cuando se casó mi hijo, fuimos a comer una fabada que si pienso en ella póngome a llorar.

Mi generación llegó tarde a la fabada, como a otras muchas cosas; éramos ya unos hombres cuando, al fin, un día fuimos a comer una.

Los amigos llegamos al chigre y nos sentamos alrededor de la mesa, en silencio.

Una voz en la cocina dijo con claridad: «Ya están aquí los que encargaron la fabada». Y una mujer muy gorda asomó la cabeza y nos miró apreciativamente.

—Pon los platos soperos, los más grandes.

Habíamos llegado, después de tantos tiros, tantos miedos, tanto dolor inútil, a la fabada.

Cuando salieron les fabes, todo el chigre se llenó de gloria y de encanto, y los que bebían sidra interrumpieron su trasiego para aspirar hondamente y entrecerrar los ojos en un gesto reverencial.

He comido muchas fabadas, pero sólo recuerdo claramente dos: esa primera fabada de mi vida y otra en Nueva York, por las calles cuarenta, hacia el Oeste, cuando encontramos un restaurante de un paisanín de Oviedo que usaba guardapolvo y me dijo que era descendiente directo del único asturiano que llegó a beato en nuestros tiempos.

Un amigo norteamericano preguntaba sorprendido:

—¿Que llegó a qué?

—A beato; como un santo que jugara en segunda división.

Nos sentamos junto al viejo del guardapolvo y pedimos fabada.

Sabía rarísima; estaba muy aguada.

Después vimos que en el menú se anunciaba de manera un poco ambigua: «Sopa de fabada (plato regional del norte de España)».

El pariente del beato no llegará al cielo de la gastronomía con aquel invento asombroso; pero habrá que agradecerle que tantos años después de abandonar Oviedo, al igual que yo hago ahora, rindiera un homenaje a la fabada.

Consigno, por otra parte, el terrible hecho de que yo haya tardado diecinueve años en comer fabada, para despertar en los lectores jóvenes una cierta simpatía que acaso la nostalgia, la derrota y otras cosas peores que en este libro se han vertido no van a conseguir.

Cosecha del año 1924; pasamos por la vida entre golpes, relatos poco amables y esperanzas que hasta hoy arrastramos.

Pasamos, sobre todo, sin probar la fabada; como si al señor Adán alguien le hubiera robado los pomares.

Este último detalle de mi biografía, además de la simpatía que pido a la gente joven que de otra manera acaso no me comprenderá jamás, sirve para dar una idea de cómo los que pierden lo pierden todo.

Llegaba la fabada en alto, envuelta en una luz que emanaba de sí misma, y la muchachita que nos la iba a servir preguntó:

—¿Una garcilla o dos?

—Tres.

Recuerdo aquel momento luminoso que cerraba muchos años de fabadas falsas, de judías con hojas de laurel, de fabes pintes con arroz blanco; todo sustitución y engaño.

Los cinco amigos abríamos la puerta de la asturianidad y buscábamos, por el camino de la fabada, otras muchas cosas perdidas.

Amaro preguntó:

—¿A quién deberemos la fabada?

Sentía la necesidad de encontrar al héroe para ofrecerle el homenaje; pero todos los otros, que ya para entonces odiábamos el culto a la personalidad, negamos al héroe.

—La debemos a todos. Como todo lo verdaderamente bueno; a todos.

Y gozamos con esta lección de política práctica que la fabada nos estaba entregando, entre otras cosas.

Amaro dijo:

—Es cierto, es cierto.

Y así fue como Stalin jamás nos atrapó.

Ni Stalin ni otros muchos.

En la película *Raza*, escrita por Franco, un personaje llamado José afirma que todo se lo debemos al rey Recaredo. José (lo leo en el guión del film) dice, muy convencido:

—A Recaredo debemos nuestra fe católica. Él reconcilió a España con la Iglesia, al abjurar en este lugar la herejía arriana en el año 586. Por él no nos vemos sumidos en la herejía. Y para que se le quede grabado lo va a escribir cien veces.

Y toda España escribió cien veces que todo se lo debemos a Recaredo.

Llegaba la fabada enorme como un barco y la recibimos en silencio.

Seguro que la fabada no la debíamos a Recaredo.

—Y puestos a agradecer algo a alguien, prefiero agradecérselo a los godos.

Pero no; mejor a todos. A todos los todos.

La primera fabada llegaba tarde, pero ya estaba anunciando muchas cosas.

Amapola González, psicoanalista, diría al llegar a este punto que trascender un plato de comida al terreno político es mostrar carencias en las áreas de la alimentación y del estudio del marxismo.

Yo respondería que sí.

Ya dije antes que la fabada no sólo llegó tarde a mi vida, sino que llegó cuando habíamos escrito mil veces lo de Recaredo, lo de Isabel la Católica, lo de Fernando y lo de otros muchos más.

La gran fuente estaba vacía sobre la mesa; el chigre ovetense guardaba un discreto silencio alrededor de los cinco jóvenes, que habían terminado con tan impresionante dotación.

Entonces Manolo dijo:

—No nos habían engañado.

Y así era; la leyenda de la fabada palidecía frente a la realidad histórica.

Don Julio

Mira cómo se eleva y cómo va horadando sin esfuerzo las gruesas nubes muy oscuras, para surgir, de pronto, a la luz esmaltada de la tarde.

Mira sus redondeces tan orondas y recién pintadas, sus banderines que saludan sonrientes moviendo sus colores en una brisa cálida y muy lenta.

Mira cómo nos lleva a todos el globo de don Julio.

Mira cómo miramos, desde arriba, esa ciudad de Oviedo que se aleja y cae en el vacío moviéndose como una moneda que se hunde en el agua.

Mira nuestro mirar salpicado de gritos, de observaciones y de manos que apuntan, urgen, señalan lugares conocidos que se nos van perdiendo y van perdiendo y van y van.

Mira cómo me mira el señor Verne, atusando su barba y su bigote, al que el aire convierte en otro banderín de señales.

Quién nos pudiera ver, aquí, en lo alto, ascendiendo entre un clamoreo de victoria, abandonando Oviedo, que nos deja a su vez abandonados, palmeando los unos a los otros la espalda, riéndonos de nada y absorbidos, de pronto, por la imagen del pájaro que no resiste el reto y se va quedando debajo de la cesta que nos lleva y nos sube.

Mirémonos ahora, tan unidos, con don Julio haciendo de correcto explicador de los espacios, hablando en un francés tan claro que suena a castellano, indicando con gestos comedidos ese monte Naranco de perfiles urbanos o esa oscura pincelada que antes fue torre y orgullo de la ciudad entera.

Mira cómo lo miro; cómo amo a este viejo don Julio que nos subió a su globo, tomándonos del suéter, ya bastante maltrecho, y nos puso en el aire de la tarde ovetense y luego en los espacios y después en la ausencia.

Hay que mirarlo bien para fijarlo, inmóvil, en la placa de plata de un recuerdo y que no se nos vaya para siempre, diluido entre aguas que destiñen y roban.

Hay que saber mirar para ver ciertas cosas que jamás ocurrieron y siempre deseamos.

Hay que…

Ay, mira cómo se va. Mira cómo se escapa. Mira cómo me deja. Mira cómo don Julio me abandona y yo, aquí abajo, le grito inútilmente sin que mí voz se escuche en este atardecer de silencios tan densos, tan soñados, tan vacíos del más mínimo roce de la hoja de un árbol, de este árbol que se alza, dormido, al borde del jardín, donde me encuentro teniendo a mis espaldas todo el Oviedo viejo que me está sujetando y reteniendo y manteniendo inmóvil, mientras lanzo este grito que sale amordazado y se mezcla, en silencio, con los otros silencios.

Ay, no me miren llorar.
Yo ya no miro.
No volveré a mirar.

Los claros clarines

—¡Qué mentiroso eres, Rubén, qué mentiroso!

Rubén se ríe y muestra las manos abiertas, como el prestidigitador que intenta vendernos la limpieza de su arte.

—Tus claros clarines —le digo a Rubén— estaban vendidos a los importantes, eran pura fanfarria.

Rubén deja que su risa palidezca un poco. Después me habla:

—No, no; el cortejo es tuyo si lo quieres. Tú desfilaste en el cortejo. Tienes que defenderlo.

Nos miramos; él sigue muy contento. Viene y me golpea en la espalda, en forma descuidada y casi primitiva.

De veras; no se dejen robar.

Le digo:

—Es que los cinco amigos no hemos visto ganar una guerra. Primero fue la Revolución de Octubre; después la Guerra Civil; más tarde, cuando ganaron los aliados, también perdimos. Hasta en futbol perdimos siempre con los grandes, que eran campeones año tras año. Así que el cortejo era de ellos, siempre fue de ellos.

Rubén mueve la cabeza como diciéndose a sí mismo que no hemos entendido nada.

Después, sin perder su gozoso gesto, sugiere:

—Bien, bien; también los derrotados pueden tener su desfile. Levanta las cortinas, y que los timbaleros que el paso acompasan con ritmos marciales inicien su vuelo. Es tu cortejo. Pero que sea el tuyo propio y el de tus amigos.

—Muy bien —le digo—, tendré mi desfile final, como en las películas de Fellini.

Por lo pronto, a la mierda —añado— los timbaleros; delante de todos, abriendo camino, irá una charanga.

Rubén lo acepta todo, mueve su capa azul, recoge sus inmensos pájaros dorados con un gesto y, con ellos al brazo, se acomoda para ver el cortejo.

—Sin embargo —dice—, yo no renunciaría a todo. ¿Que tal un poco de cálido coro, de canto sonoro, de trueno de oro?

—¡No, no, no! Será el cortejo de los muchachos que fueron derrotados aun antes de entrar en la pelea. De los que heredaron la humillación y así vivieron, fingiendo la sonrisa.

—¡Es tu cortejo!

—¡No, no, no, Rubén!

—Es tu desfile.

—No, no, tampoco.

—¿Qué preparas, entonces?

—Una manifestación, Rubén, una manifestación. Es lo que nunca tuvimos; es lo que nos faltó.

La manifestación

Manolo, Amaro, Ángel y Benigno están conmigo, preparándolo todo. Son los muchachos que fueron, aún sin haber llegado al pantalón largo, con libros bajo el brazo y algunos bajo el jersey, ya que no pueden mostrarse libremente.

—¡Hoy sí, carajo! Saca el libro.

Y Amaro lo saca y lo muestra con una cierta cautela.

Están organizando la manifestación.

Nos movemos muy rápidamente, de una parte a la otra; llevamos en el brazo unos listones sin color alguno, pero que brillan al sol de esta tarde de Oviedo.

Unamuno me dice:

—El tema de la música es delicado, ¿qué van a interpretar?

Pensaba en un bolero.

Unamuno mueve la cabeza (¡la gente joven!), pero no protesta.

Yo voy tras de él.

—Es que no quisiéramos algo demasiado marcial. Lo marcial nos jeringa, don Miguel.

—Bien, bien; ya que he vuelto, me quedo.

Don Antonio Machado se ha quitado el abrigo. Esto marcha, es un síntoma estupendo.

J.R.J. se apoya en un gran árbol del parque San Francisco y entrecierra los ojos.

Ellos abrirán la marcha de la gente joven de la guerra perdida, de los años quemados, de los tiempos normales que un día se nos fueron.

—¡No, no; la marcha la abre Ken Maynard!

Y así es, por el Paseo de los Curas llega su caballo blanco.

Rubén Darío aplaude muy feliz:

—Esto tiene ya tono.

Yo sugiero:

—Y detrás del caballo, los poetas.

Benigno se apresura:

—No, de ninguna forma, primero van los rusos. Delante, el señor Gogol.

Amaro interviene:

—Vámonos todos juntos.

Ángel pregunta:

—¿Cuál será nuestro destino? ¿A dónde vamos?

Rubén quiere decir: «¿Y de dónde venimos?», pero suena el bolero y todo se pone en marcha.

Ángel aún pregunta, pero sin prisa:

—¿A dónde vamos?

Manolo sugiere:

—Hasta la catedral.

—¡A la Silla del Rey!

—Carretera adelante.

Yo murmuro:

—Fellini hubiera hecho de esto algo muy bello.

Ya suena el bolero.

Federico y Alberti van del brazo, a mi lado.

Ángel va en busca de Jiménez y señala con un gesto hacia el futuro.

Don Antonio Machado pregunta por su abrigo, pero pronto aparece Villalón sonriente:

—Aquí está, don Antonio, aquí está.

Benigno viene muy inquieto:

—¿Invitaste a los rusos? No los veo.

—Allá van, en aquel coche negro.

Ángel sugiere:

—Habría que atender a Emilio Prados, que es algo tímido.

Pero ya avanzamos todos al mismo tiempo: Emilio, Cernuda, Moreno Villa, Salinas, hasta Gerardo Diego.

—¿Quién invitó a Picasso? Fue buena idea.

Y, de pronto, bajando del Bombé, los héroes más amados: Sandokán, Julio Verne, Robinsón Crusoe, Alicia, los piratas malayos, Tom Mix, Robin de los Bosques, el señor Salgari, Platero.

—¡Jolín con Platero, ese lo trajo Ángel!

Suena el bolero, se inunda todo de voces y de gestos.

—¿A la catedral o al ayuntamiento?

—¡Al Fontán!

Y, de pronto, de alguna parte, ¿fue Sandokán?, comenzó a surgir un canto nuevo:

> *Que sí, que sí, que sí, que sí,*
> *que a la Parrala le gusta el vino.*
> *Que no, que no, que no, que no,*
> *ni el aguardiente ni el marrasquino.*
> *Que sí, que sí, que sí, que sí,*
> *que si no bebe no pué cantar.*
> *Que no, que no, que no, que no,*
> *que sólo bebe para olvidar.*

Y hasta don Miguel canta, pero muy por bajines.

Nos vamos abriendo caminos y cruzándonos con procesiones, desfiles, bandas de cornetas y tambores, concentraciones patrióticas, reuniones de fuerzas vivas, invitados a bodas y bautizos.

Nos abrimos camino por entre todos y vemos cómo se retiran, un poco asustados y perplejos, y nos abren el paso.

Una mujer que es amiga de curas nos señala:

—¡Están locos!

Al carajo con todo; por una vez vamos en manifestación.

Amaro está feliz:

—¡Lo que nos habíamos perdido!

Ya en la Escandalera, el alcalde de Oviedo se interpone y pregunta, algo inquieto:

—¿Qué quieren o pretenden?

—Nada, alcalde; estamos recuperando el pasado perdido.

—Robado —dice Ángel.

—Sí, robado.

—Ah, si es eso; adelante, señores.

Y nos deja pasar.

Los cinco amigos de quince años caminan riéndose.

Detrás de ellos van los cinco amigos de veinte años, algo más serios, más atentos al gesto.

Detrás de ellos van los cinco amigos de treinta años, con bigote, fumando en pipa, con los ojos húmedos.

Detrás de ellos van los cinco amigos de cuarenta años, con el aire nostálgico, recién llegados de muy lejos.

Detrás de ellos van los cinco amigos de cincuenta años, con un brillo especial en la mirada, con un gesto de reconocimiento al pasar frente a cada edificio viejo.

Detrás de ellos...

Que sí, que sí, que sí, que sí,
que a la Parrala le gusta el vino.

El alcalde se justifica con los policías que observan la manifestación:

—No hay que impedirla; no piden nada: son solamente un grupo de personas que pasean.

Un enorme grupo somos ya: héroes con poetas, autores con personajes, bajo un cielo muy azul y un sol que nos prestó Acapulco; somos todo lo que hemos soñado, lo que conseguimos rescatar, lo que no se nos dio y a pesar de eso hemos tenido, robándolo a los celosos guardianes y severos censores.

Somos la larga suma de anhelos escondidos durante los años mozos; de irreparables pérdidas que hoy son reparadas.

Un matrimonio hace señas desde lejos para unirse a la marcha.

—¿Y esos? ¿Quién los llamó?

—¿No los recuerdas? Tú los viste, tirados sobre un camino, allá arriba, en el campo de San Francisco. El tenía una mano…

—Sí, sí, ya los recuerdo.

—Pues aquí están, también.

Por la calle de Fruela se nos une Carlos Bousoño, muy joven aún.

—¿Lo dejamos que pase?

Ángel pide:

—Hombre, no seáis cabrones.

> Que sí, que sí, que sí, que sí,
> que a la Parrala le gusta el vino.

Carlitos canta. Y junto a Sandokán un grupo de muchachas: ¿son ellas?

Sí, son ellas, y los de quince, veinte, treinta, cuarenta y cincuenta años las reconocen y les brillan los ojos de alegría.

Sin embargo:

—¿No habría que politizar esto un poco?

Que sí, que sí, que sí, que sí,

—¡Ya está politizado! Somos el pasado que se venga, somos la negación de algo que se dijo un millón de millones de veces, que gentes como nosotros habíamos sido tragados y digeridos.

Y aquí estamos, en manifestación.

Saliendo del pasado y en presente.

Ken Maynard juega con el alfange de Sandokán, los malayos enseñan a Unamuno un truco con puñales, las muchachas mueven sus vestidos de percal y modelan las nalgas; Rubén sugiere, un poco contrariado:

—Si hubiéramos llamado a los claros clarines, esto sería más noble.

A lo largo de todo el recorrido, las gentes de Oviedo nos miran desde las aceras, alineados, silenciosos y oscuros; allí están las viudas de los comandantes y los falangistas pálidos y de bigote negro, las mujeres que salieron por un momento de San Isidoro para después volver a entrar en su cueva de pisadas y suspiros aquí están, en las aceras, cuantos nos negaron toda una juventud de manifestación y grito, los que nos obligaron al silencio y a la mirada baja y al interminable disimulo. Aquí están, mirándonos entre confusos y asombrados, como si los que ahora pasamos ante sus ojos fueran muertos recién resucitados, el hombre recubierto de sal y escarcha que un día sacude sus costras y se pone en pie para reclamar un lugar en el concierto; somos un pasado que se ocultó en un largo silencio inmóvil, al que se negó no ya tres veces, sino trescientas y tres mil y tres millones, porque éramos la herencia de lo peor y más nefasto y había que ocultar nuestras raíces y cubrir nuestros héroes con grandes capas de mierda hecha palabras e insultos y noticias falsas.

Y aquí estamos, por vez primera, a pesar de cuanto se dijo y se hizo, después de tanto miedo y hasta tanto olvido. A pesar de ellos y de nosotros mismos; aquí estamos.

Esta es una manifestación llena de sonrisas y palmadas y vuelos asustados de palomas y cantos que se inician y se mezclan, y todo tiene un sentido y lleva un solo camino, hágase lo que se haga y séase quien se sea.

Federico ríe en voz muy alta, y todos los mineros, salidos de la tierra por las alcantarillas, forman corro a su alrededor y se mueven enseñando los dientes muy blancos y muy grandes.

Y llegan los artistas de cine que durante años no tuvieron nombre porque eran rojos, y llegan los de las Brigadas que conocíamos a través de cantos entonados en el campo abierto, cuando todas las orejas amenazadoras estaban ocupadas en otros menesteres, y llegan y llegan y van llegando.

Que sí, que sí, que sí, que sí,
que si no bebe no pué cantar.

Y algo nos empuja hacia un lugar en donde ya cantar se puede y beber también.

Al pasar por la Escandalera, la catedral, al fondo, nos observa y, desde lo más alto, el hombrín del corte de manga se mueve entre su piedra con un gesto soez y muy cachondo. ¡Adiós, hombrín, así es como resistimos todos, hundidos en la piedra, pero sin perder la intención de un gesto necesario y de una elocuencia que simplifica todas las maldiciones adecuadas!

Manolo, Amaro, Benigno, Ángel y yo nos unimos por un momento, en la marejada de saludos y deseos fervientes, y nos sentimos como recuperados y nos abrazamos en medio de la calle, y Edward G. Robinson nos mira inclinando muy suavemente la cabeza, como miró desde *The Last Gangster*.

Somos como un gran circo en movimiento, en el que todo lo soñado ha tomado cuerpo y sangre y se mantiene en pie, y no hay un solo gesto de labios apretados, ni tan siquiera el de don Miguel, que ha tenido la bondad de depositar su ceño sobre una banca y camina sin él, ya muy distinto a su fotografía.

> *Que no, que no, que no, que no,*
> *ni el aguardiente ni el marrasquino.*
> *Que sí, que sí, que sí, que sí,*
> *que si no bebe no puede cantar.*
> *Que no, que no, que no, que no,*
> *que sólo bebe para olvidar.*

Ángel me pregunta, dejando que Platero se retrase:

—¿Cuánto hemos olvidado?

—Quién sabe; yo, millones de cosas. Lo que pesqué fue como si lo hubiera sacado de un agujero en el que sólo pudiera meter la mano.

—Hubieras podido ser más cruel, contar cosas más duras, vengarte un poco.

—Sí, eso sí. Pero...

Ya estamos en la Plaza del Fontán, en el chigre.

Y, entonces, yo, subiéndome a la misma mesa en la que conocí a Federico, grito como Tarzán y luego digo:

—¡Marrasquino para todos!

Y una luz muy intensa hace doradas las banquetas de

madera blanca y atraviesa como una espada el clima oscuro del lugar, en el que miles y miles de cigarros se han condensado en un color ocre y muy poco traslúcido. Es el gran momento que hemos venido soñando y delirando, es el instante en el que todo se puede decir y todo se puede cantar, en el que un abrazo abarca el mundo y un beso pasa de persona a persona hasta llegar al último ser querido.

Es la ocasión ansiada, desesperadamente ansiada, de decir que también nosotros tenemos voz y voto y gesto y maldición y capacidad de mandar a la mierda a cuantos nos han negado todo esto y nos han negado a nosotros mismos. Es el gran instante que sólo dura un segundo, una loncha de segundo, un nada de segundo; el gran minimomento por el que hemos suplicado, pedido y llorado los hijos de los vencidos.

—¡Marrasquino para todos!

Y se alzan los brazos y la cámara toma la escena en un picado excepcionalmente lúcido, y luego se va acercando a mi rostro, que muestra unas lágrimas alegres, muy nítidas, que se van deslizando hasta caer sobre un suelo cubierto de aserrín que sirve para que la sidra no convierta todo el chigre en un inmenso charco oloroso a manzana agria y a una Asturias de prados y de vacas.

Los indios han llegado: Toro Sentado, Bisonte Fiero, Águila Roja están a nuestro lado, y Federico les ofrece una copa, y hasta don Juan Ramón parece más feliz que en otras ocasiones, porque comprende que ha sido capaz de servir de estímulo y resistencia a un grupo de jóvenes que no tenían salida, si no era por los libros, por las ideas de otros, por la poesía que les llegaba contra toda corriente; y sabe que él y los demás fueron capaces de sostener a estos muchachos sobre sí mismos, y que si no cedieron, absolutamente derrotados, fue porque estaban detrás de ellos tantas gentes tan grandes, tan fuertes, tan radiantes.

Ángel me dice:

—¿Y qué tal si nos emborrachamos?

No es mala idea; marrasquino para todos. Allá afuera, el alcalde de Oviedo sugiere que no se nos moleste; al fin que sólo somos un grupo de borrachos que cantan en la noche, y eso, si bien se mira, no es pecado y, sobre todo, no ofrece gran peligro para la sociedad.

Y en estos momentos lamento ser ateo, y me gustaría tanto invitar a Dios a marrasquino y dejarle que nos vea a todos juntos, reunidos fuera del tiempo y del olvido, dándonos un abrazo tan desesperado que intenta, por sí mismo, apretar lo perdido, apretar lo que estuvo disperso durante años, todo lo que se nos escapó de la vida y también del alma. Dios, envuelto de suaves relámpagos y alternando con los poetas y los artistas que fueron vencidos y expulsados. Dios, moviéndose paternal y altísimo entre los que durante tantos años lo acusaron de parcial o, en el mejor de los momentos, de indiferente. Dios, aquí entre nosotros, en este instante, en el Fontán de Oviedo, capital de Asturias, al norte de las Españas.

Oh Dios; oh Dios. Creo que estoy borracho y que alguien va a tener que llevarme hasta el hotel que antes fue hospicio provincial.

Y me evado por la tangente de los recuerdos, hasta encontrar aquel que la policía llegó a casa, la guerra se había iniciado poco antes, y preguntó cómo era posible que allí hubiera tantos niños y niñas. Y supieron que eran los hijos de los líderes socialistas y que había hijos de Javier Bueno, el director de *Avance*, y de Amador Fernández, el de los mineros. Y se fueron los policías y volvieron después y se llevaron a todos los niños, excepto a los que éramos de la casa, y los guardaron en el hospicio. Mis amigos, Libertad, Amor, Porfirio, Pepe, Mercedes, se fueron con la policía, asombrados aún de todo aquello, y la puerta del hospicio se cerró tras de ellos. Eran, en parte, los trofeos de los vencedores y, en parte, sus rehenes.

Un suave golpe en la espalda me trae otra vez hasta el Fontán:

—No pienses, que eso duele.

Ángel está junto a mí. Le confieso:

—Creo que estoy borracho.

Muy científicamente, Ángel me examina a fondo:

—Es más que posible. Yo también.

Los que estuvieron en la manifestación se van despidiendo con abrazo y apretón de manos; tanto tiempo sin vernos, fue un gran momento; estos jóvenes se merecían nuestro desplazamiento; es un caso curioso, teníamos que venir, era obligado.

Los grandes jefes indios se marcharon lanzando su estridente grito y moviendo las enormes plumas en el aire viciado del chigre ovetense; alzando la mano derecha, desearon la paz y fueron disolviéndose y evaporándose poco a poco, ante mis ojos llenos de cordialidad y agradecimiento.

—Tendremos —le digo a Ángel— que volver al hotel que antes fue hospicio.

Ahora es un lujo de cuadros y alfombras y espejos y techos altos de madera tallada. Pero antes fue hospicio. Y lo recuerdo.

Sobre las mesas se van quedando copas y más copas; alguna se inclinó en la madera, ya vencida.

La generación del 97 ya se retiró hace buen rato; son mayores y temen a la humedad del Oviedo en la noche.

La del 27 se fue también, un poquito más tarde. Nuestra generación aún está aquí. Quien toca mi generación, toca la derrota.

Ángel me mira y añade:

—Una cita de Walt Withman para uso hispánico.

Sonreímos; estamos solos ya, en este chigre que hace poco era el cielo del pasado absoluto y ahora está casi desierto, ya que las sombras de las últimas gentes huyen por las paredes y escapan por los techos, ya sin luz.

—Creo que estoy borracho.

—No hay que hacer confesiones, luego trascienden.

Tomo una decisión y la planteo:

—Una copita más. La del estribo.

—Muy bien, muy bien.

Ángel me lleva hasta el mostrador.

Pregunto:

—¿Y Benigno?

—En Venezuela. Tuvo que volver, vive muy lejos.

—¿Y Amaro?

—Está ya en México Distrito Federal; tomó de regreso la barca de oro que habrá de conducirnos al puerto donde se halla.

—¿Y Manolo?

—Está en Barcelona; se ha ido bajando la Font del Gat. Y es verdad, nos hemos quedado en Oviedo los dos últimos del marrasquino, los dos últimos del chigre.

—Hace un instante, Manolo, Amaro y Benigno estaban aquí.

—Sí, sí estaban.

—Y todos los demás. Por cierto, ¿qué hiciste con Platero?

—Se fue a cenar las rosas del campo San Francisco.

—¿Qué dirá el señor alcalde?

—Que diga misa; San Francisco y Platero, tal para cual.

Nos tenemos que ir al hospicio, quiero decir al hotel de lujo en que lo convirtieron.

Ángel piensa que la del estribo deben ser dos; una por cada estribo.

Y nos servimos nosotros mismos, porque también se ha marchado la vieja del mostrador, y el hombre se ha dormido con la cabeza sobre un brazo.

Se me olvidó darle las gracias a Unamuno, él que es tan sentido.

—No te preocupes; mañana organizamos otra manifestación.

—No, no; si la repetimos perderá grandeza.

Al salir del chigre, un guardia nos mira sonriente. Lo saludamos con una gran deferencia.

—Buenas noches.

Y él responde:

—Estuvo buena, ya se nota.

Ángel me hace notar la sorna:

—Es la típica confianza del astur con los astures.

Y nos reímos, y ya es muy tarde, y resulta que estamos por encima del medio siglo de vida y lo estamos celebrando.

—Ángel, sinceramente, con la mano sobre el corazón.

—Ya lo tengo averiado.

—Lo sé, lo sé. Pero dime: ¿hemos sido tan mierdas?

—No, no fuimos tanto. Es que el tiempo fue duro.

—Y ahora, ¿qué hacemos?

—Vámonos al hotel.

—¿Recuerdas que en aquellos años era hospicio?

—Sí, sí lo recuerdo.

—Yo al entrar me estremezco, a pesar de que lo han maquillado con mucho esmero.

—No te preocupes. Estamos tan borrachos que no vamos a saber si entramos o salimos.

Y nos vuelve la risa a borbotones, partiendo del marrasquino y de tanta emoción surgida en el desfile que no lo fue, ni tampoco procesión, ni acto cívico, sino manifestación muy bella.

—Manolo desfiló con mucho garbo, hablando con todos y tratando de tú a Federico.

Nos miramos bajo la mirada del guardia y suspiramos: fue una gran noche.

Y el guardia, moviendo la cabeza y torciendo el bigote en una risa:

—Se nota, señores, se nota.

—Un poco confianzudo el municipal.

—Sí, un poco confianzudo.

Y nos vamos los dos de la plaza y caminamos por la calle de Fruela, seguimos por Uría, subimos por Toreno, entramos por Pidal, pasamos Gil de Jaz y nos topamos con el Hotel de la Reconquista, cinco estrellas.

—Cinco estrellas. ¿Eso qué te recuerda?

—Los luceros y que querían poner una rosa en cada flecha. Eso es lo que me recuerda.

—Estamos frente a la puerta.

Estas cinco estrellas, ¿podrán apagar tantos ecos y tanto sufrimiento como aquí se produjo?

Si tuviéramos buen oído escucharíamos aún los gritos de los niños hospicianos, las llaves de las monjas que suenan a cerrojo, el roce de cientos de delantales pequeños puestos a secar allá en el patio.

Si tuviéramos buen oído escucharíamos todavía una larga cadena de oraciones que van de día a día, mientras la gente crece y entristece.

Si tuviéramos ese oído fino de los tuberculosos, oiríamos el chirriar de los muelles de tantas camas de metal en la noche de Oviedo, y también la voz de un niño que pide compañía para ir a orinar, y luego sus pisadas y las de otro muchacho, más seguras estas últimas, avanzando por los largos pasillos de este hotel que fue hospicio.

Cinco estrellas que no disfrazan nada para la gente con buen oído.

Ángel me mira y dice:

—Así son las cosas; esto fue hospicio y ahora es hotel de lujo. Seguro que a los niños los guardan en otra parte.

Al llegar al hotel, un conserje, que debe ser castellano, nos saluda:

—Buenas noches, señores.

Y yo digo:

—Buenas noches.

Voy a entrar en mi cuarto y procurar dormir.

Volveré a mi sueño, el último reducto, la guarida final a la que siempre nos acogimos en los días peores; aquel lugar escondido que se abría todas las noches, una puerta pequeña, para dejarme paso y ofrecerme un espacio de sutiles venganzas, de gestos valerosos, de miradas directas, de voces de protesta.

Aquel lugar final de todos nuestros días, cuando, muchachos aun, íbamos la cama para encontrar en ella un Oviedo más libre.

FIN

Para parar las aguas del olvido fue escrito en los meses de septiembre y octubre del año 1978, en la casa número 76 de la calle de Culiacán, en la ciudad de México, a razón de diez cuartillas por día. Muchas, más tarde, fueron rotas, y todas, retocadas, corregidas y repensadas.

Epílogo

La memoria de los años de adolescencia de un grupo compuesto por cinco muchachos provincianos —en cierta manera inocentes y hasta cierto punto felices— constituye la esencia de este libro. Los tiempos en los que aquella primera juventud se desarrolló fueron difíciles, pues en el Oviedo levítico, atemorizado y hambriento de los últimos años de la guerra civil y primeros de la posguerra —que no de la paz— los estímulos culturales estaban absolutamente anulados y la lucha por cubrir las más elementales necesidades hacía muy difíciles otros desafíos ajenos a la pura supervivencia. Al menos —o tal vez sólo— para los que militaban en el bando de los vencidos, o, generalizando más, para los que, sin haber estado adscritos a bando alguno, no sólo procedían, sino que formaban parte de lo que se ha dado en llamar «clase trabajadora»

Y, sin embargo, los jovencitos que Taibo ha tomado como inicial eje de la narración (puesto que según avanza el libro el protagonismo de los cinco se va diluyendo para centrarse en la figura, siempre atractiva y permanentemente interesante, del propio autor); sin embargo, repito, aquellos cinco muchachos constituyeron un grupo excepcional, simplemente por lo que tenían de excepción en el tiempo áspero, apretado y mezquino que les tocó vivir. En un entorno de bullanga patriotera, de rechinar de dientes y de calamidades sin cuento, mientras a su alrededor atronaban los clarines y los tambores de los «flechas y pelayos» —y los llantos y sordos juramentos de quienes habían estado alistados en las filas de los «pioneros»—, aquellos cinco muchachos elegían por héroes y dioses a Ulises, D'Artagnan o el marqués de Bradomín, en una especie de primera huida de la realidad circundante, que tal vez era sólo premonición de la segunda huida —o primera diáspora— que, pasados no demasiados años, los aventó a través de medio mundo.

Si ahora pienso en la vida que soportaba aquel grupo de adolescentes —y, por contraste, en el ánimo que les alentaba—, lo que más me sorprende es la limpieza espiritual que mantenían, su decidida admiración por la cultura y su rendido amor por la belleza. Recuerdo también —¡cómo olvidarlo!— que su realidad más inmediata era el trabajo —sólo Ángel estudiaba—. Y tengo bien presente que aunque en las casas de todos y cada uno se pasaban penurias y congojas de la más variada índole, nunca se manifestaron con rencor, nunca se comportaron con desgarro, nunca actuaron como bellacos.

Los cinco salieron beneficiados de su entrañable relación y cada uno aportó a los otros lo mejor de sí mismo, y cada uno tomó de los otros aquello que más podía, espiritualmente, beneficiarle.

Por eso, en algunas noches de insomnio, cuando me da por rememorar el largo medio siglo de mi vida, pienso que aquellos años y los de mi noviazgo son las dos épocas que más me ilusionaría poder volver a vivir.

(OCTUBRE, 1980) MANOLO LOMBARDERO

Índice